Heide Rau

W0208099

Küchenkräuter

in Töpfen, Kübeln und Kästen

Duftende Gewürzpflanzen in Töpfen, Kübeln, Kästen und Ampeln

Farbfotos: Marion Nickig
Zeichnungen: Marlene Gemke

GU GRÄFE UND UNZER

Ein Fest für die Sinne
Ein Wort zuvor

Wer auf Balkon und Terrasse gärtnert, kann Jahr für Jahr neue Ideen verwirklichen. So sind beispielsweise Kräuter eine attraktive Alternative zu reinen Blütenpflanzen, denn sie vereinen Charme, Duft und Nutzen – und finden selbst auf kleinsten Balkonen ein geeignetes Plätzchen. Dieser GU Ratgeber Balkon und Terrasse stellt die beliebtesten Küchenkräuter vor, aber auch mediterrane Gewürzpflanzen und ungewöhnliche Exoten. Die erfahrene Kräuter-Gärtnerin Heide Rau informiert umfassend über die erfolgreiche Anzucht, Pflege und Vermehrung von Kräutern in Gefäßen. Daneben hält sie eine Fülle von Gestaltungsideen bereit, gibt Anregungen zum Kombinieren mit anderen Pflanzen, zum Ernten und Verwenden der Kräuter als Tischdekoration oder Gewürz. Die brillanten Farbfotos von Marion Nickig bringen die Kräuter förmlich zum Duften und zeigen, daß Gärtnerglück auch auf kleinstem Raum möglich ist.
Viel Freude und Erfolg mit Kräutern wünschen Ihnen die Autorin und die GU Naturbuch Redaktion.

Inhaltsübersicht

Dekorativ und nützlich – Kapuzinerkresse und Pfefferminze.

Shiso, Perilla frutescens.

Salvia officinalis 'Ictarine'.

Die Autorin
Heide Rau, Studium der Pädagogik, Biologie und Geschichte. Die passionierte Kräuter-Gärtnerin gibt an der Volkshochschule Kurse über Anbau sowie Verwendung von Kräutern und ist Autorin erfolgreicher Bücher zu diesem Thema. In ihrem Bauerngarten pflegt sie eine große Anzahl verschiedenster Kräuter-Arten und -Sorten.

Die Fotografin
Marion Nickig, führende Pflanzenfotografin, wurde durch ungewöhnliche Garten- und Blumenfotografien im FAZ-Magazin bekannt. Seit über 10 Jahren ist sie für renommierte Buch- und Zeitschriftenverlage tätig.

Die Zeichnerin
Marlene Gemke, selbständige Grafikerin und Pflanzenliebhaberin, illustriert seit vielen Jahren erfolgreiche Titel des GU Naturbuch Verlags mit hervorragenden Garten- und Pflanzenmotiven.

Wichtig: Damit Ihre Freude an Kräutern nicht getrübt wird, beachten Sie bitte »Warnung und Hinweis« auf Seite 63.

Kräuter-Wissen

Kräuter sind so populär wie nie zuvor. Ob alte Bekannte, Südländer oder Exoten – die meisten gedeihen problemlos auch in Kästen und Kübeln. Auf Balkon und Terrasse sind sie für ihren »Einsatz« in der Küche schnell zur Hand.

Foto links: Reiche Auswahl für die frische Kräuterküche: Lorbeer, Lavendel, Thymian, Austernpflanze, Fruchtsalbei, Kapuzinerkresse, Basilikum, Oregano, Majoran, Rosmarin und Minze (von links nach rechts). Foto oben: Gewürztagetes, Tagetes tenuifolia 'Tangerine Gem'.

Kräuter in der Küche

Seit Jahrtausenden werden Kräuter zur Verfeinerung der Küche verwendet. Schon sehr früh entdeckte man die heilsamen Inhaltsstoffe und die Würzkraft vieler Pflanzen und nutzte sie kulinarisch. Auch Kräuter, die in unseren Breiten nicht heimisch sind, fanden früh ihren Platz in den Gärten der Klöster und Landgüter. So bescherte der kulturelle Einfluß der Römer uns nicht nur den Wein, sondern auch Lavendel, Thymian und Rosmarin. Später brachten die spanischen Eroberer von ihren Reisen neben Tomaten und Kartoffeln auch Kräuter aus der »Neuen Welt« nach Europa. Heute ist es der weitverbreiteten Reiselust zu verdanken, daß immer neue kulinarische Entdeckungen und mit ihnen exotische Kräuter aus allen Ländern in unsere Küchen Eingang finden.
Eine Vielzahl von Kräutern wird inzwischen auf Märkten und in Lebensmittelgeschäften angeboten. Unabhängiger vom Marktangebot ist man jedoch mit frischer Kräuterwürze aus eigener Ernte. Fast alle beliebten Küchenkräuter gedeihen problemlos auch in Töpfen und Kübeln. Gerade für die wärmeliebenden mediterranen und exotischen Kräuter läßt sich auf sonnigen Balkonen und Terrassen ein Klima schaffen, in dem sie sich rundum wohlfühlen.

Was sind Kräuter?

Kräuter sind charakterisiert durch ihren Gehalt an wirksamen Inhaltsstoffen. Nach botanischen Gesichtspunkten lassen sie sich in folgende Gruppen einteilen:
Einjährige werden im Frühjahr ausgesät, fruchten im selben Jahr und sterben anschließend ab. Hierzu zählen Dill (*Anethum graveolens*) und Boretsch (*Borago officinalis*).
Zweijährige blühen und fruchten im zweiten Jahr nach der Aussaat. Finden nur die Blätter Verwendung, wie bei der Petersilie (*Petroselinum crispum*), wird bereits im Jahr der Aussaat geerntet, verwendet man die Samen, wie beim Kümmel (*Carum carvi*), überwintert man die Pflanzen und läßt sie zur Blüte kommen.
Stauden sind mehrjährige Pflanzen, deren oberirdische, krautige Teile im Winter absterben, während der Wurzelstock im Boden überwintert. Hierzu zählen Schnittlauch (*Allium schoenoprasum*) und Estragon (*Artemisia dracunculus*).
Halbsträucher sind mehrjährige Pflanzen, die im unteren Bereich verholzen, wie Lavendel (*Lavandula angustifolia*).
Sträucher sind mehrjährige verholzende Pflanzen wie Rosmarin (*Rosmarinus officinalis*).

Vielfältige Inhaltsstoffe

In allen Kräutern liegen die wirksamen Inhaltsstoffe in einem speziellen, arteigenen Mischungsverhältnis vor. Sie bestimmen Aroma und Geschmack, fördern und unterstützen die Verdauung und sind verantwortlich für die heilenden Wirkungen. Zu den typischen Inhaltsstoffen gehören:

- Alkaloide
- ätherische Öle
- Bitter- und Gerbstoffe
- Farbstoffe
- Glykoside
- Mineralien
- Saponine
- Schleimstoffe
- Spurenelemente
- Vitamine

In Maßen verwendet sind Kräuter eine delikate und abwechslungsreiche Zutat für eine frische und gesunde Küche. Achten Sie aber darauf, daß Sie Kräuter nicht zu hoch dosiert verwenden, besonders wenn Sie diese als Heiltee nutzen.

Auf einem sonnigen Balkon gedeihen wärmeliebende Kräuter und auch Gemüsepflanzen.

Aroma, Duft und Würze

Für die Vielfalt der Kräuteraromen sind unter anderem der hohe Mineralstoffgehalt, aber auch die ätherischen Öle verantwortlich. Diese Inhaltsstoffe regen den Appetit an, machen das Essen leichter verdaulich, wirken krampflösend und einige auch antibakteriell.

Die Natur liefert außerdem eine unerschöpfliche Palette an Duftnuancen:
• frischen Zitronenduft verbreiten Zitronenmelisse, Zitronenverbene und Zitronengras,
• nach Orangen duftet die Monarde
• und unter den Salbei-Arten gibt es einige mit exotischem Fruchtaroma.

Der bezaubernde Duft wird manchmal erst beim Berühren von Blättern und Blüten frei. Wenn Sie die Kräuter ganz in die Nähe eines Sitzplatzes stellen, können Sie den herrlichen Duft immer wieder durch leichtes Berühren freisetzen. Und inmitten von Kräuterdüften läßt es sich ganz wunderbar entspannen.

Zwischen dem grünen Blattwerk von Pfefferminz-Pelargonie (links), Tripmadam (vorne rechts) und Minze (im Hintergrund) bilden die violetten Blütendolden des Heliotrop einen hübschen Farbkontrast.

Wo kauft man Kräuter?

In Gärtnereien und auf Märkten bekommen Sie schon früh im Jahr vorgezogene Kräuter-Pflänzchen. Raritäten finden sich hier jedoch selten oder sind schnell vergriffen. Ausgefallenere Exemplare können Sie aber bei speziellen Versand-Gärtnereien für Kräuter frühzeitig vorbestellen (→ Anhang, Seite 62). Oftmals wird man aber auch bei anderen Kräuter-Gärtnern fündig und kann von ihnen Pflanzenteile oder Stecklinge bekommen. Denn viele Kräuter lassen sich durch einfaches Teilen des Wurzelballens oder durch Stecklinge problemlos vermehren (→ Kräuterporträts, Seite 12 bis 25). Da Raritäten im Handel oft recht teuer sind, lohnt es sich, die Augen offenzuhalten.
Einige Kräuter sind auch als Zierpflanzen auf dem Markt. Obwohl in ihren Heimatregionen seit jeher als Gewürze genutzt, entdeckt man ihre kulinarischen Qualitäten bei uns erst jetzt. Zu diesen »Zierkräutern« gehören:

- die Gewürztagetes, *Tagetes tenuifolia* (→ Foto, Seite 25), eine reichblühende, einjährige Pflanze mit Zitrusaroma,
- die scharlachrote Monarde, *Monarda didyma* (→ Foto, Seite 24), auch Indianernessel genannt
- und sogar das japanische Gewürz Shiso, *Perilla frutescens* (→ Foto, Seite 3), eine rotblättrige, nesselähnliche Pflanze, die häufig in Parkanlagen zu finden ist.

Auch in Lebensmittelgeschäften werden inzwischen Kräuter in Töpfen angeboten. Diese Pflanzen sind jedoch für den Sofortverbrauch in der Küche bestimmt und oftmals stark angetrieben, so daß ihnen Umpflanzen in ein anderes Gefäß und Standortwechsel Schwierigkeiten bereiten. Aber natürlich darf ein Versuch gewagt werden. Wenn sie sofort größere Töpfe und frische Erde erhalten, kann es sein, daß sie nach der Ernte neu austreiben.

Tips für den Kauf

Beim Kauf der Kräuter sollten Sie ein paar Grundregeln berücksichtigen, damit Ihnen die Pflanzen Freude und keinen Kummer bereiten:

- Jungpflanzen am besten in Gärtnereien kaufen.
- Sie sollten gut bewurzelt sein,
- einen gedrungenen Wuchs aufweisen und
- frei von Schädlingen sein.

Kaufen Sie von Kräutern, die Sie erfahrungsgemäß besonders häufig in der Küche verwenden, am besten gleich mehrere Töpfchen. So können diese abwechselnd geerntet werden und sich in der Zwischenzeit erholen.
Scheuen Sie sich nicht, auch ein paar größer werdende Exemplare wie Salbei, Rosmarin und Lorbeer anzuschaffen. Durch regelmäßigen Schnitt und den begrenzten Erd- und Nahrungsraum werden sie nie so groß wie ihre Verwandten im Garten. Gestalterisch bilden sie aber einen attraktiven Blickfang, um den sich kleinere Kräutertöpfe sehr schön gruppieren lassen.
Mein Tip: Wählen Sie nur Kräuter aus, die sich für die Sonnenverhältnisse des künftigen Standorts eignen.

Neuankömmlinge umtopfen

Neu gekaufte Kräuter brauchen in jedem Fall sofort größere Töpfe. Diese dürfen ruhig 2 bis 3 Nummern größer sein als die alten. Kräuter wachsen schnell und füllen den Raum, der ihnen zur Verfügung steht, bald aus. Durch regelmäßigen Schnitt kann man sie jedoch kompakt halten.

Besonders blühfreudig – die Duft-Pelargonie 'Tip Top'.

Vielfalt der Kräuterblüten

Kräuterblüten sind filigrane, meist pastellfarbene Schönheiten, die man aus der Nähe betrachten sollte, da sie wenig Fernwirkung besitzen. In Kombinationen mit großblütigen Balkonpflanzen wirken sie jedoch auflockernd und lassen die Gestaltung natürlicher erscheinen. Es gibt aber auch farbkräftige Kräuterblüten wie die leuchtend rot, orange und gelb blühende Kapuzinerkresse, *Tropaeolum majus* (→ Foto, Seite 23), und die scharlachrot blühende Indianernessel, *Monarda didyma* (→ Foto, Seite 24), die beide in Amerika heimisch sind.

Würze und Duft verwandter Kräuter

Die vielfältigen Kräuterblüten lassen sich verschiedenen Familien zuordnen. Häufig haben Vertreter ein und derselben Pflanzenfamilie aber ähnliche Würzeigenschaften.
Doldenblütler. In der Familie der Doldenblütler finden sich intensiv würzende Kräuter

mit doldenförmigen Blütenschirmen in Weiß oder grünlichem Gelb. Bei einigen von ihnen wird der Samen als Küchengewürz verwendet.
Zu den Doldenblütlern gehören:

- Anis (*Pimpinella anisum*)
- Dill (*Anethum graveolens*)
- Fenchel (*Foeniculum vulgare*)
- Koriander (*Coriandrum sativum*)
- Kümmel (*Carum carvi*)
- Liebstöckel (*Levisticum officinale*).

Anis, Kümmel, Fenchel und Koriander zählen zu den traditionellen Brotgewürzen, die nicht nur Aroma liefern, sondern frisches Brot auch leichter verdaulich machen.
Lippenblütler. Viele besonders intensiv duftende Kräuter gehören zur großen Familie der Lippenblütler, deren Blüten ährenförmig oder in Quirlen angeordnet sind.
Kräuter dieser Familie sind:

- Basilikum (*Ocimum basilicum*)
- Lavendel (*Lavandula angustifolia*)
- Minzen (*Mentha*-Arten und -Sorten)
- Rosmarin (*Rosmarinus officinalis*)
- Salbei (*Salvia officinalis*)
- Thymian (*Thymus vulgaris*)
- Ysop (*Hyssopus officinalis*).

Korbblütler. Bitteraromatische Kräuter finden sich in der Familie der Korbblütler. Hierzu gehören:

- Beifuß (*Artemisia vulgaris*)
- Estragon (*Artemisia dracunculus*)
- Wermut (*Artemisia absinthium*).

Diese bitterwürzigen Kräuter werden für fettreiche Speisen verwendet und machen sie bekömmlicher.
Kreuzblütler. Scharfwürzige Kräuter finden sich in der Familie der Kreuzblütler. Einige Beispiele:

- Kresse (*Lepidium sativum*)
- Rauke (*Eruca sativa ssp. sativa*)
- Winterkresse (*Barbarea vulgaris*).

Kräuterblüten in der Küche

Eßbare Blüten sind ein neuer Trend in der Küche, denn mit ihnen lassen sich Salate, Suppen, Süßspeisen und auch Getränke besonders dekorativ anrichten. Viele Blüten haben ebenso heilsame Inhaltsstoffe wie die Blätter, würzen in der Regel jedoch etwas zurückhaltender.
Hier einige für den Verzehr besonders zu empfehlende Kräuterblüten:

- Die kugeligen Blüten des Schnittlauch (*Allium schoenoprasum*) haben einen leichten Zwiebelgeschmack und eignen sich ganz oder einzeln ausgezupft zum Würzen und Garnieren von Salaten und Kräuterbutter.
- Mit den blühenden Triebspitzen von Thymian (*Thymus*-Arten) und Bohnenkraut (*Satureja*-Arten) schmecken Käse- und Schmalzbrote einmal ganz anders.
- Auffallend dekorieren die roten Zungenblüten der Indianernessel (*Monarda didyma*), die einen köstlichen, süßen Geschmack besitzen.
- Die himmelblauen Sterne des Boretsch (*Borago officinalis*) passen mit ihrem frischen Gurkenaroma gut zu Salaten, Suppen und zu sommerlichen Getränken.
- Auch Lavendelblüten (*Lavandula angustifolia*) sind verzehrbar. Sie werden in Italien als Würze für Brathähnchen verwendet und sind Bestandteil der französischen Kräutermischung »Herbes de Provence«.

Eine Auswahl der beliebtesten Küchenkräuter wird Ihnen auf den folgenden Seiten vorgestellt – darunter auch Raritäten und Exoten.

Beliebte Küchenkräuter

Verschiedene Minzen in einem Kübel.

Zu den beliebten Küchenkräutern zählen seit langem Petersilie, Schnittlauch und Dill. Tripmadam, Rauke und Pimpinelle sind fast vergessene Kräuter, die heute wieder für die Küche entdeckt werden. Sie alle gedeihen gut in Töpfen.

Minze
Mentha

Winterharte, duftende Staude.
Arten/Sorten:
- Orangenminze (*Mentha* × *piperita* 'Citrata')
- Pfefferminze (*Mentha* × *piperita var. piperita*)
- Edelminze (*Mentha* × *gentilis*)
- Englische Grüne Minze (*Mentha spicata*, → Foto, Seite 37)

Herkunft: Europa.
Aussehen: 30 bis 80 cm hoch. Blattfarbe variiert je nach Sorte. Lavendelfarbene Ährenblüten im Juli/August.
Standort: Halbschattig. Nahrhafte Erde.
Pflege: Feucht halten. Durch Teilung vermehren.
Verwendung: Pfefferminze für Tee, die mildere Edelminze zu Saucen, Gemüse und Suppen. Als Dekoration für Desserts.
Warnung: Nicht regelmäßig und in größeren Mengen verwenden. Nicht für Kleinkinder.

Pimpinelle
Sanguisorba minor

Mehrjährige, zierliche, wintergrüne Staude.
Herkunft: Mittel- und Südeuropa.
Aussehen: 30 bis 40 cm hoch, ovale, gefiederte Blätter mit gezähntem Rand. Kugelige rote Blüten von Mai bis Juni.
Standort: Sonnig bis halbschattig. Kalkhaltiges, durchlässiges Substrat.
Pflege: Nicht zu feucht halten. Häufiger schneiden, damit immer junge Blätter nachwachsen. Blüten entfernen. Aussaat ab März.
Verwendung: Schmeckt frischwürzig nach Gurken und Nüssen. Zu Salat, Eiern, Lachs, Suppen, Saucen und in kalten Getränken. Pimpinelle gehört zu den Gewürzkräutern für die »Frankfurter Grüne Sauce« (→ Boretsch, Seite 13). Nur junge, zarte Blätter verwenden. Einfrieren ist möglich.

Mein Tip: Pimpinelle in etwas Butter angedünstet und mit Gemüsebrühe aufgefüllt hilft bei leichten Magenverstimmungen.

Pimpinelle.

Boretsch
Borago officinalis

Blüten und Blätter des Boretsch entfalten frisches Gurkenaroma.

Dekoratives einjähriges Kraut mit himmelblauen Sternblüten.
Herkunft: Südeuropa.
Aussehen: 50 bis 80 cm hoch. Meist blaue, manchmal rosafarbene Blüten von Juni bis zum Herbst. Ovale, rauh behaarte Blätter.
Standort: Sonnig, verträgt etwas Schatten. Nahrhafte, durchlässige Erde.
Pflege: Feucht halten. Aussaat von April bis Juni.
Verwendung: Frisches Aroma mit leichtem Gurkengeschmack. Blätter feingehackt zu Salaten, Käse, Kräuterbutter und auf Brot. Blüten als Dekoration in Getränken sowie zu Salaten und Suppen. Auch kandiert zu Desserts und als Kuchendekoration. Nur junge Blätter frisch verwenden. Einfrieren ist möglich.
Boretsch ist neben Kerbel, Petersilie, Sauerampfer, Pimpinelle, Dill, Schnittlauch und Zitronenmelisse Bestandteil der »Frankfurter Grünen Sauce«.

Tripmadam.

Tripmadam
Sedum reflexum

Winterharte, immergrüne Staude, häufig als Zierpflanze im Garten.
Herkunft: Mitteleuropa.
Aussehen: Etwa 30 cm hoch. Am Boden aufliegende Triebe mit nadelähnlichen blaugrünen Blättchen. Kleine gelbe Blüten von Juli bis August.
Standort: Sonnig. Erde mit Sand mischen.
Pflege: Trocken halten. Anspruchslose Pflanze. Vermehrung durch Ausläufer.
Verwendung: Mildsäuerlicher Geschmack. Feingehackt zu Salaten und Saucen, mit Butter zu jungen Kartoffeln. Auch für Kräuteressig und zum Dekorieren kalter Platten. Triebspitzen vor der Blüte pflücken. Nur frisch verwenden. Nadeln können wie Kapern in Essig eingelegt werden.

Rauke
Eruca sativa ssp. sativa

Einjähriges, würziges Salatkraut.
Herkunft: Mittelmeerländer, Ostasien.
Aussehen: 60 cm hoch. Zungenförmige Blätter. Schöne cremeweiße, purpurgeäderte Blüten von Februar bis Oktober.
Standort: Sonnig bis halbschattig. Nährstoffreiche Erde.
Pflege: Feucht halten. Schnellwüchsiges, unkompliziertes Gewächs. Verträgt Kälte und leichten Frost. Etwas abgedeckt auch im Winter zu ernten. Aussaat ab März, Folgesaaten günstig.
Verwendung: Das würzige Kraut der Rauke mit seinem frischen, kresseartigen Geschmack und leichtem Erdnußaroma wird häufig in der Gourmet-Küche verwendet. Blätter jung ernten, sonst sind sie sehr scharf. Pikant für Salate und als Gewürz für Saucen und Suppen. Besonders gut zu Tomaten und italienischen »Antipasti«.

Rauke – pikant zu Salaten, Saucen und Suppen.

Man kann die Blätter auch wie Spinat dünsten. Die Blüten eignen sich zum Garnieren von Salaten und Fisch- und Fleischgerichten. Einfrieren möglich.

Glattblättrige Petersilie.

Petersilie
Petroselinum crispum

Zweijähriges Küchenkraut.
Herkunft: Südeuropa.
Aussehen: 25 bis 30 cm hoch. Gekrauste, auch glattgefiederte Blätter. Gelbliche Blüten im Juni/Juli.
Standort: Sonnig, toleriert Halbschatten. Nährstoffreiche, aber durchlässige Erde.
Pflege: Aussaat im März, keimt langsam. Häufiges Schneiden fördert Blattwachstum. Am geschützten Platz auch im Winter zu ernten.
Verwendung: Herbwürziger Geschmack. Zum Würzen und Dekorieren für Suppen, Saucen, Kräuterbutter. Läßt sich gut einfrieren.
Warnung: Samen nicht verwenden, sie enthalten das giftige Apiol. Petersilie bei Schwangerschaft nicht in größeren Mengen verwenden.

Melissa officinales 'Variegata' – eine gelbbunte Zitronenmelisse.

Bergbohnenkraut.

Bohnenkraut

Satureja hortensis

Einjähriges, aromatisches Würzkraut.
Weitere Art: Mehrjähriges Bergbohnenkraut (*Satureja montana*)
Herkunft: Mittelmeerländer.
Aussehen: 10 bis 50 cm hoch. Schmale Blättchen. Blüht rosaviolett im Juni/Juli.
Standort: Sonnig. Durchlässige Erde.
Pflege: Bergbohnenkraut kann mit Winterschutz draußen überwintern. Vermehrung durch Aussaat, Absenker und Stecklinge.
Verwendung: Zu Hülsenfrüchten, besonders Bohnen. Behält getrocknet seine Würzkraft. Während der Blüte ernten.

Zitronenmelisse

Melissa officinalis

Winterharte Staude mit Zitronenduft.
Sorten:
• Goldblättrige Melisse (*Melissa officinalis* 'Aurea')
• Gelbbunte Melisse (*Melissa officinalis* 'Variegata').
Herkunft: Mittelmeerländer, Asien.
Aussehen: 50 bis 100 cm hoch. Hellgrüne Blättchen, auch gelb panaschiert. Weiße, unscheinbare Blüten im Juli.
Standort: Vollsonnig bis halbschattig. Einheitserde.
Pflege: Pflanze feucht halten. In der Saison mehrmals bis zum Boden zurückschneiden. Durch Teilung vermehren.
Verwendung: Zu Gemüse, Geflügel, Fisch, Salat, zum Garnieren von Desserts und als Tee.

Kerbel
Anthriscus cerefolium

Einjähriges, zierliches Würzkraut.
Herkunft: Südosteuropa.
Aussehen: 30 bis 50 cm hoch. Weiche, gefiederte Blättchen. Weiße Blüten im Juni.
Standort: Halbschatten. Einheitserde.
Pflege: Keimt nur bei Temperaturen unter 15 °C, deshalb nur im Frühjahr oder Herbst aussäen. Lichtkeimer, Saat nicht mit Erde bedecken.
Verwendung: Die Blättchen mit Anisaroma würzen Salate, Eier, Käse und verfeinern auch eine Kartoffelsuppe. Sehr gut zu Lachs und als Kerbelsuppe. Vor der Blüte ernten und frisch verwenden. Einfrieren ist möglich.

Die feingefiederten Blätter des Kerbels haben leichtes Anis-Aroma.

Estragon
Artemisia dracunculus

Winterharte, aromatische Staude.
Herkunft: Süd- und Mittelasien.
Aussehen: 60 bis 150 cm hoch. Stengel buschig verzweigt mit schmalen Blättchen. Hellgrüne Blüten von August bis Oktober.
Standort: Sonnig bis halbschattig. Nährstoffreiche, durchlässige Erde.
Pflege: Gut feucht halten, aber Staunässe vermeiden. Vermehrung durch Ausläufer.
Verwendung: Feine Würze zu Tomaten, Salaten, Suppen, Saucen und zum Aromatisieren von Essig. Frisch verwenden.
Mein Tip: Der zierlichere Französische Estragon (*Artemisia dracunculus var. sativa*) ist für die Topfkultur besonders zu empfehlen.

Estragon.

Schnittlauch – auch die Blüten sind eßbar.

Dill-Blüten würzen Kräuteressig.

Schnittlauch

Allium schoenoprasum

Winterharte Staude mit dekorativen kugeligen Blüten.
Sorte: Grobröhriger Schnittlauch (*Allium schoenoprasum* 'Grolau')
Herkunft: Europa, Asien.
Aussehen: 15 bis 30 cm hoch. Grasähnliche Blätter. Rosa-violette Blütenköpfe im Juni/Juli.
Standort: Sonnig bis halbschattig. Nährstoffreiche, kalkhaltige Erde.
Pflege: Feucht halten. Aussaat im April. Teilung möglich.
Verwendung: Frisches zwiebelartiges Aroma. Beliebt zu Suppen, Saucen, Salaten. Blüten schmecken milder als das Blatt und zieren Salate sowie Kräuterbutter. Frisch verwenden. Trocknen nicht empfehlenswert, einfrieren aber möglich.
Mein Tip: Ähnlich verwenden kann man viele weitere *Allium*-Arten wie *Allium tuberosum* 'Knolau', eine weißblühende Kreuzung aus Schnittlauch und Knoblauch, oder *Allium fistulosum,* die Winterhecke. Alle gedeihen gut im Topf.

Dill

Anethum graveolens

Einjähriges Würzkraut.
Herkunft: Südeuropa, Vorderer Orient.
Aussehen: 50 bis 90 cm hoch. Feingefiederte Blätter. Duftige gelbe Doldenblüten von Juni bis August.
Standort: Sonnig und warm. Nährstoffreiche Erde.
Pflege: Aussaat ab April. Folgesaaten sind günstig. Regelmäßig gießen und düngen. Für guten Wasserabzug sorgen, Wurzeln dürfen jedoch nicht austrocknen. Windgeschützt stellen.
Verwendung: Würzig zu Krabben, Fisch, Gurken, Eiern und Kartoffeln. Blüten oder Samen verfeinern Kräuteressig. Samen auch zum Einlegen von sauren Gurken.
Kraut und Blüten frisch verwenden. Einfrieren ist möglich.
Mein Tip: Dill wirkt blähungstreibend und ist deshalb auch als Zutat für Kohlgerichte zu empfehlen.

Mediterrane Küchenkräuter

Kräuter aus den Mittelmeerländern wachsen schon seit Jahrhunderten in unseren Kloster- und Bauerngärten. Viele sind frostempfindlich und müssen deshalb wie klassische Kübelpflanzen im Haus überwintert werden, so zum Beispiel Lorbeer und Rosmarin.

Buntlaubiger Salbei, Salvia officinalis 'Tricolor'.

Salbei
Salvia officinalis

Winterharter, aromatisch duftender Halbstrauch.
Sorten:
- 'Ictarine', gelbbunt (→ Foto, Seite 3)
- 'Purpurascens', purpurrot
- 'Tricolor', weißbunt
- 'Berggarten', graulaubig (→ Foto, Seite 43)

Herkunft: Mittelmeerländer.
Aussehen: Weiche Blätter, von schmal-lanzettlich bis breit, silbrig oder buntlaubig. Hellblaue Blüten im Frühjahr.
Standort: Sonnig. Kalkhaltige, durchlässige Erde.
Pflege: Rückschnitt im Frühjahr. Kann mit Schutz draußen überwintern. Vermehrung durch Stecklinge.
Verwendung: Herbwürzig mit leichtem Kampfer-Aroma. Zu Fleisch, Schinken, Nudelgerichten.

Oregano, Dost
Origanum vulgare

Aromatische, winterharte Staude.
Sorten:
- 'Aureum', golden
- 'Compactum', Zwergoregano

Herkunft: Südeuropa, Asien.
Aussehen: 15 bis 50 cm hoch. Grüne Blättchen. Blüten weißlich oder rosa bis lila von Juni bis September.
Standort: Sonnig. Durchlässige Erde.
Pflege: Robuste Pflanze. Die Sorten 'Compactum' und 'Aureum' bleiben niedriger und sind daher für den Topf besonders geeignet.
Verwendung: Für Pizza, Gemüse und Fleisch. Vor der Blüte ernten. Auch getrocknet sehr aromatisch.

Oregano.

Thymian
Thymus

Niedriger Halbstrauch mit aromatischem Duft.
Arten:
- Gartenthymian (*Thymus vulgaris*)
- Quendel (*Thymus serpyllum*)
- Zitronenthymian (*Thymus × citriodorus*)

Herkunft: Mittelmeerländer.
Aussehen: 10 bis 30 cm hoch. Schmale, elliptische Blättchen. Weiße, rosa bis lilafarbene Blüten von Mai bis September.
Standort: Volle Sonne. Kalkhaltige, durchlässige Erde.
Pflege: Kann mit Schutz draußen überwintern. Vermehrung durch Stecklinge und Absenker.
Verwendung: Wohlschmeckender Tee bei Husten, Bronchitis und Erkältungen. Blätter und blühende Triebspitzen würzen Suppen, Gemüse, Fleisch, Geflügel, Fisch.
Zitronenthymian für Süßspeisen. Die Blätter zum Trocknen kurz vor der Blüte ernten.

Verschiedene Thymian-Sorten in einer Taschen-Amphore.

Majoran.

Majoran
Origanum majorana

Mehrjähriges, nicht winterhartes Kraut.
Herkunft: Mittelmeerländer.
Aussehen: Höhe 15 bis 30 cm. Weiße oder rosafarbene Blüten im August/September.
Standort: Sonnig. Kalkhaltige, nährstoffreiche und durchlässige Erde.
Pflege: Trocken halten. Aussaat ab März im Haus, ab Mai nach draußen stellen.
Verwendung: Zu Pizza, Gehacktem, Kartoffeln, Eintöpfen. Trocknen möglich.

Basilikum
Ocimum basilicum

Hocharomatisches, einjähriges Kraut mit vielen Sorten.
Sorten/Arten:
- 'Dark Opal', rotlaubig
- 'Minimum', niedrig wachsend
- 'Green Ruffles', attraktive, große gekrauste Blätter
- Zitronenbasilikum (*Ocimum americanum*)
- Thai-Basilikum (*Ocimum sanctum*)

Herkunft: Subtropen.
Aussehen: 20 bis 60 cm hoch. Lindgrüne oder rötliche, zarte Blätter. Blüte weißlich-rosa.
Standort: Sonnig und warm. Erde humushaltig und nährstoffreich.
Pflege: Frostempfindlich, nicht vor Ende Mai aussäen oder auspflanzen. Lichtkeimer, nicht mit Erde bedecken. Gut düngen.
Verwendung: Zu Tomaten. Auch an Süßspeisen. Frisch verwenden oder in Essig und Öl konservieren (Pesto). Einfrieren möglich.

Echtes Basilikum und die rote Sorte 'Dark Opal'.

Rosmarin
Rosmarinus officinalis

Stark duftender, immergrüner Strauch.
Herkunft: Mittelmeerländer.
Aussehen: 60 bis 90 cm hoch. Silbrige, nadelähnliche Blätter. Blüht lila, weiß oder rosa von März bis Juni.
Standort: Vollsonnig, verträgt etwas Halbschatten. Kalkhaltige, durchlässige Erde.
Pflege: Kühl, hell und frostfrei überwintern. Vermehrung durch Stecklinge.
Verwendung: Als Gewürz zu Lamm, Kartoffeln, Gemüse. Frische Blätter jederzeit verwendbar, zum Trocknen vor der Blüte pflücken.

Rosmarin.

Lavendel
Lavandula angustifolia

Intensiv duftender, dekorativer Halbstrauch.
Sorten:
- 'Hidcote Blue', 40 cm hoch, violettblau
- 'Munstead', 40 cm hoch, tiefblau
- 'Alba', 50 cm hoch, weiß
- 'Rosea', 40 cm hoch, violett-rosa

Herkunft: Mittelmeerländer.
Aussehen: 30 bis 60 cm hoch. Silbriggraue, nadelförmige Blätter. Blüht im Juni/Juli, Nachblüte bis zum Herbst.
Standort: Volle Sonne. Kalkhaltige, durchlässige Erde.
Pflege: Trocken halten. Schnitt im Frühjahr, zweiter Schnitt nach der Blüte. Nie bis in verholzte Teile schneiden. Vermehrung durch Triebstecklinge. Kann mit Winterschutz draußen überwintern.
Verwendung: Blüten für Tee, Duft-Potpourris und als Gewürz in provenzalischer Kräutermischung. Sparsam verwenden.

Lavendel-Bäumchen werden nach der Blüte in Form geschnitten.

Lorbeer.

Lorbeer
Laurus nobilis

Aromatische, immergrüne Kübelpflanze.
Herkunft: Mittelmeerländer, Asien.
Aussehen: 1 bis 2 m hoch. Immergrüne, ledrige Blätter.
Standort: Sonnig, windgeschützt. Nährstoffreiche, durchlässige Erde.
Pflege: Im Frühjahr mit Hornspänen düngen. Lorbeer läßt sich leicht in Form schneiden. Kühl, aber frostfrei überwintern.
Verwendung: Blätter als Gewürz zu Suppen, Braten und Saucen. Frische Blätter lassen sich jederzeit ernten. Sie sind auch getrocknet sehr aromatisch.

Exotische Küchenkräuter

Exotische Kräuter sind ein neuer Trend in der Küche. Frisch geerntet sind sie unentbehrlich für asiatische und südamerikanische Gerichte. Duft, Aroma und Geschmack laden zum Experimentieren ein. Richtig überwintert, haben Sie jahrelang Freude an diesen ungewöhnlichen Pflanzen.

Zitronengras – ein Gewürz der asiatischen Küche.

Zitronengras
Cymbopogon citratus

Grasartige, mehrjährige Kübelpflanze.
Herkunft: Südindien, Ceylon.
Aussehen: Etwa 1,40 m hoch. Schmale hellgrüne Blätter.
Standort: Vollsonnig, warm. Gut durchlässige Erde.
Pflege: Regelmäßig düngen und gießen. Hell und kühl, aber frostfrei überwintern. Staudenbüschel können geteilt werden.
Verwendung: Gewürz der asiatischen Küche. Für Fischsuppen, Currys, Fleischgerichte und als Tee. Die inneren weißen Stengel fein gehackt verwenden. Getrocknet als »Sereh« im Handel.

Duft-Pelargonie
Pelargonium

Nicht winterharter, mehrjähriger Halbstrauch.
Herkunft: Südafrika.
Arten:
- Zitronen-Pelargonie (*Pelargonium × citrosmum*)
- Pfefferminz-Pelargonie (*Pelargonium tomentosum*)
- Rosen-Pelargonie (*Pelargonium graveolens*)

Aussehen: 30 bis 100 cm hoch. Die intensiv duftenden Blätter sind oft samtig behaart und rundlich bis filigran. Kleine Blüten in Weiß, Rosa, Lila und Rot.
Standort: Sonnig bis halbschattig. Nahrhafte, sandige Erde.
Pflege: Gut düngen und gießen. Frostfrei überwintern. Vermehrung durch Stecklinge.
Verwendung: Blätter zum Aromatisieren von Zucker, Sirup, Kuchen und Desserts.
Mein Tip: Es gibt Arten und Sorten in vielen weiteren Duftnuancen.

Duft-Pelargonie 'Tip Top'.

Kapuzinerkresse

Tropaeolum

Einjährige, dekorative Pflanze.
Sorte/Art:
- *Tropaeolum majus* 'Alaska', panaschiert
- *Tropaeolum nanum*, kompakt wachsend

Herkunft: Peru.
Aussehen: 40 bis 300 cm lange Triebe, je nach Art. Blaugrüne, runde Blätter. Gelbe, rote und orangefarbene Blüten von Mai an.
Standort: Sonnig bis halbschattig. Nahrhafte Erde.
Pflege: Sparsam düngen. Sehr frostempfindlich, erst ab Mitte Mai aussäen oder im Haus vorziehen.
Verwendung: Blätter und Blüten pikant in Salaten. Nur frisch verwenden.

Blüten und Blätter der Kapuzinerkresse würzen Salate.

Honigmelonensalbei

Salvia elegans

Mehrjähriger, intensiv duftender, nicht winterharter Strauch.
Weitere Arten:
- Ananassalbei (*Salvia rutilans*)
- Fruchtsalbei (*Salvia dorisiana*)

Herkunft: Mexiko.
Aussehen: 1 bis 2 m hoch. Weiche, hellgrüne Blätter, beim Fruchtsalbei ähnlich der Zimmerlinde. Karminrote Blüten von Oktober bis November.
Standort: Halbschattig, warm. Einheitserde.
Pflege: Feucht halten, mäßig düngen. Hell und kühl, aber frostfrei überwintern.
Verwendung: Für Tee, Salate, Saucen und Sirup. Blüten auch zum Garnieren.

Honigmelonensalbei.

Zitronenverbene, Zitronenstrauch

Aloysia triphylla

Intensiv nach Zitrone duftender, sommergrüner Strauch.
Herkunft: Südamerika.
Aussehen: 1 bis 2 m hoch. Frischgrüne, lanzettliche Blätter, auf der Rückseite drüsig gepunktet. Blaßblaue, unscheinbare Blüten von Juni bis August.
Standort: Vollsonnig. Gut durchlässige Erde.
Pflege: Feucht halten und regelmäßig düngen. Robuste Kübelpflanze. Für buschigen Wuchs Triebspitzen häufiger abknipsen. Hell und kühl, aber frostfrei überwintern. Vermehrung durch Stecklinge. Pflanze wird mit zunehmendem Alter etwas sparrig, deshalb sollte man rechtzeitig für Jungpflanzen sorgen.
Verwendung: Blätter für Tee und Süßspeisen, auch zu Fisch. Als Aromaspender in kalten Getränken. In Frankreich als »Verveine-Tee« beliebt nach dem Essen. Die getrockneten Blätter behalten ihr wunderbares Zitronenaroma jahrelang. Zusammen mit Lavendel gut in Duftmischungen. Blätter vor der Blüte ernten und trocknen.

Zitronenverbene – auch getrocknet sehr aromatisch.

Monarde.

Monarde, Indianernessel

Monarda didyma

Winterharte, aromatische Staude. Hybriden findet man häufig als Zierpflanzen in den Gärten.
Herkunft: Nordamerika.
Aussehen: Etwa 1 m hoch. Blüht auffällig scharlachrot, rosa, weiß oder hellviolett von Frühsommer bis Herbst.
Standort: Sonnig bis halbschattig. Nahrhafte Erde.
Pflege: Gut gießen. Robuste Pflanze. Vermehrung durch Ausläufer.
Verwendung: Der Duft der aromatischen Blätter erinnert an Bergamotte-Orangen. Bei den Oswego-Indianern als Teepflanze beliebt. Blätter frisch oder getrocknet für Tee (besonders gut eisgekühlt). Zum Trocknen vor der Blüte pflücken. Einfrieren möglich. Blüten zu Salaten und Süßspeisen.

Gelbe Gewürztagetes, Tagetes tenuifolia 'Lemon Gem'.

Blattpfeffer.

Blattpfeffer
Piper auritum

Seltene, attraktive Kübelpflanze.
Herkunft: Südmexiko.
Aussehen: 1 bis 2 m hoch. Große herzförmige, mattgrüne Blätter.
Standort: Sonnig bis halbschattig, warm. Einheitserde.
Pflege: Feucht halten, regelmäßig düngen. Sehr wüchsig, kann durch Rückschnitt kompakt gehalten werden. Hell und frostfrei überwintern.
Verwendung: Geschmack nach Muskatnuß, Sternanis, Pfeffer und Aprikose. Stengel geschält und kleingeschnitten an Salate und Fruchtkompott. Blätter mit Fisch oder Fleisch füllen und dünsten.

Gewürztagetes
Tagetes tenuifolia

Einjährige Duftpflanze.
Sorten:
- 'Lemon Gem'
- 'Tangerine Gem'

Herkunft: Mexiko.
Aussehen: 20 bis 30 cm hoch. Feingefiedertes Laub. Kleine, einfache Blüten in Gelb und Orange von Juni bis in den Herbst. Etwas überhängender, kompakter Wuchs. Attraktive Ampelpflanze.
Standort: Sonnig. Einheitserde.
Pflege: Feucht halten. Regelmäßig düngen.
Verwendung: Duft nach Zitrusfrüchten. Blüten und Blätter als Gewürz an Salaten und Süßspeisen, zu Fisch und Krabben. Mit Ingwer, Knoblauch und Zitronengras gedünstet in asiatischen Gerichten.

Tips zum Gestalten

Ideen mit Kräutern

Küchenkräuter sind nicht nur nützlich, mit ihnen lassen sich auch wunderschöne Balkon- und Terrassen-Situationen gestalten. In Kombination mit Blumen, Stauden und Gemüse spielen sie dabei ganz nach Wunsch Haupt- oder Nebenrollen.

Foto links: Malerisches Kräuter-Ensemble in Töpfen. In verschiedenen Höhen angeordnet, bekommen sie alle das nötige Licht.
Foto oben: Kresse, ausgesät in ein hübsches Tongefäß.

Der mobile Kräutergarten

Topfgärten haben den Vorteil, daß man sie immer wieder neu gruppieren kann. Arrangements können schnell ausprobiert und wenn sie nicht gefallen, ebenso rasch wieder rückgängig gemacht werden. Mit neuen Farben, neuen Kräutern und wechselnden Begleitpflanzen lassen sich Jahr für Jahr andere Akzente setzen. Außerdem haben Sie die Möglichkeit, sich ein paar besonders angenehm duftende Pflanzen auch einmal neben die Sonnenliege zu stellen oder den Terrassentisch mit einem hübschen Exemplar zu schmücken. Von Balkon oder Terrasse zur Küche ist meist nur ein kurzer Weg. Der Schnittlauch für den Kräuterquark ist schnell zur Hand, ebenso das frischgezupfte Basilikum zum Tomatensalat oder würziger Thymian und Rosmarin für die Grillparty am Abend. Wer Spaß daran hat, noch mehr Nützliches im Topf zu ziehen, kann Kräuter mit Gemüse und Obst kombinieren. Tomaten und Salate (→ Foto, Seite 7) gedeihen in Gefäßen ebensogut wie Monatserdbeeren, Klettererdbeeren oder Heidelbeeren.

Standortwünsche beachten

Aber nicht nur die Vorlieben bestimmen die Gestaltung. Bevor Sie die Kräuter auswählen, sollten Sie überlegen, welche Pflanzen für die Lichtverhältnisse Ihres Standorts geeignet sind. Obwohl die meisten Kräuter wie auch Gemüse sonnenhungrig sind, gibt es doch viele, die auch Schatten tolerieren oder sogar bevorzugen. Tips für die Gestaltung sonniger und halbschattiger Standorte finden Sie auf Seite 34 bis 37.

Gestalten nach persönlichem Geschmack

Mit Kräutern ist eine stimmungsvolle Gestaltung in verschiedensten Stilen möglich:

- Eine mediterrane Atmosphäre schaffen Mittelmeerkräuter wie Lavendel und Rosmarin in südländischem Terrakotta.
- Ländlich bunt wirkt eine Kombination von Kräutern, Blumen und Gemüse.
- Modern und fröhlich leuchten die Blüten der Kapuzinerkresse neben einem blau gestrichenen Stuhl.

Aber auch persönliche Küchenvorlieben können die Auswahl der Kräuter bestimmen. Liebhaber der italienischen Küche ziehen vielleicht Basilikum (*Ocimum basilicum*) in vielen Sorten. Freunde der mexikanischen Küche sollten nicht auf den wüchsigen Blattpfeffer (*Piper auritum*) und die filigrane Gewürztagetes (*Tagetes tenuifolia*) verzichten. Und in einem Duftgarten darf der imposante, wunderbar aromatische Fruchtsalbei (*Salvia dorisiana*) nicht fehlen.

Kräuter in Gruppen arrangieren

Kleine Kräutertöpfchen einfach nur aufgereiht, da fehlt der Pfiff. Viel schöner ist es, wenn man eine große Pflanze als Blickfang einsetzt. Das kann ein Lorbeerbäumchen (*Laurus nobilis*) sein, ein großer Rosmarin (*Rosmarinus officinalis*) oder auch ein Fruchtsalbei (*Salvia dorisiana*). Kleinere Töpfe werden dann um sie herum gruppiert. Die größere Pflanze übernimmt für die kleineren zugleich eine Art Schutzfunktion: Sie filtert das Licht und liefert Gewächsen, die allzu direkte Sonne nicht vertragen, lichten Schatten.

Duftende Kräuter, mit gelbblühenden Balkonblumen kombiniert.

Recht und Sicherheit

Mieter können Balkon und Terrasse, die zur gemieteten Wohnung gehören, in der Regel nach ihrer freien Verfügung nutzen, wenn sie

- das äußere Erscheinungsbild des Hauses nicht verunstalten,
- die Tragfähigkeit der Balkon- oder Terrassenkonstruktion berücksichtigen
- und die Rechte der Mitmieter nicht beeinträchtigen.

Für alle größeren, nach außen auffallenden Veränderungen muß jedoch immer die Einwilligung des Eigentümers eingeholt werden.
Achten Sie außerdem auf folgendes:

- Befestigen Sie Balkonkästen und Ampeln absolut windsicher.
- Vermeiden Sie, daß Gießwasser an der Fassade herunterrinnt oder andere Personen belästigt.
- Wollen Sie besonders viele Balkonkästen anbringen oder schwere Kübel aufstellen, muß die Tragfähigkeit und Statik des Balkons sowie des Geländers überprüft werden.

Praxis: Gefäße anbringen

Oft ist der Platz auf Balkon und Terrasse sehr begrenzt. Es gibt aber eine Reihe von Anbringungsmöglichkeiten für Pflanzgefäße, mit denen sich auch die Vertikale geschickt nutzen läßt. Hierbei sollten Sie jedoch besonders auf eine gute und sichere Aufhängung achten.

Balkonkästen befestigen

Zeichnungen 1a und b

Vor dem Anbringen von Balkonkästen ist es wichtig zu überprüfen, ob das Geländer hierfür stabil genug ist. Besonders wenn Sie Kästen nach außen hängen, sollten Sie nicht improvisieren, sondern unbedingt eine sichere Halterung wählen, damit niemand gefährdet wird. Im Handel gibt es verschiedene Befestigungssysteme für Balkonkästen:

- Halterungen, mit denen Kästen innen oder außen am Geländer aufgehängt werden (→ Zeichnung 1a). Zu diesen gehören auch waagerecht über den Kasten reichende Metallnasen, die als Kippschutz dienen.
- Eckhalterungen, mit denen der Balkonkasten auf der Brüstung festgeschraubt wird (→ Zeichnung 1b).

Beide Systeme lassen sich auf verschiedene Geländer-, Brüstungs- und Kastenstärken einstellen.

1 Balkonkästen anbringen.
a Variable Schraub-Halterung für Balkongeländer.
b Ecksicherung für Balkonbrüstungen.

2 Einzelne Gefäße aufhängen. Drahtkörbe für Einzeltöpfe ans Balkongeländer hängen.

Halterungen für einzelne Töpfe

Zeichnung 2

Eine dekorative und praktische Alternative zu Balkonkästen sind Drahtkörbe, mit denen einzelne Töpfe am Balkongeländer, aber auch an Wandspalieren aufgehängt werden können (→ Zeichnung 2). Im Fachhandel gibt es außerdem Topfhalter, mit denen sich auch Geländerecken gut ausnutzen lassen. Gerade für kleine Balkone ist dies eine hübsche Variante.

Mein Tip: Wählen Sie diese Drahtgestelle groß genug, damit auch ein Topfuntersatz noch Platz darin hat.

Wandspaliere als Topfhalter

Zeichnung 3

An der Wand verspannte Drahtgitter oder Holzspaliere bieten die Möglichkeit, Töpfe mit einem stabilen Doppelhaken daran aufzuhängen. Damit sie die oftmals schwere Last der Töpfe gut halten, müssen die Haken für diese Gitter sicher in der Wand verdübelt sein.
Der Fachhandel führt aber auch Tontöpfe mit abgeflachter Rückseite, die direkt an der Wand befestigt werden. Auch diese Gefäße mit einem Dübel sicher in der Wand verankern.

Kräuter in Ampeln

Zeichnung 4

Kräuter mit hängenden Trieben wie Kapuzinerkresse (*Tropaeolum majus*), Gewürztagetes (*Tagetes tenuifolia*) oder Duft-Pelargonien (*Pelargonium*-Arten) machen sich in Ampeln besonders gut. Diese sollten jedoch stets windgeschützt angebracht werden, damit sie bei starkem Wind nicht an die Wand schlagen oder herunterfallen.
Halterungen für Ampeln gibt es in verschiedenen Größen und Ausführungen. Sie müssen so stabil sein, daß sie die schweren, mit Erde und Pflanzen gefüllten Gefäße gut tragen können.
Aufgehängt werden diese Pflanzschalen am besten mit Ketten, Draht- oder Kunststoffseilen. Juteseile sind zwar schön, können aber mit der Zeit am Haken der Halterung durchscheuern oder bei längerer Feuchtigkeit durchfaulen.
Bei allen freihängenden Ampeln und Töpfen sollten Sie besonders vorsichtig gießen. Tropfwasser hinterläßt leicht häßliche Spuren an der Wand. Im Fachhandel gibt es aber speziell für Ampelpflanzen auch Gießgeräte mit einer Pumpe, die das Wasser über ein Rohr hochleitet.

3 Wandspalier.
Kleine Töpfe an Drahtgittern aufhängen.

4 Ampeln aufhängen.
Halterung sicher in der Wand verdübeln.

Mein Tip: Wenn Sie für Ampeln Pflanzen wählen, denen vorübergehende Trokkenheit nicht viel anhaben kann, haben Sie mit dem Gießen weniger Mühe.

Windschutz für Kräuter

Auf Balkonen und Dachterrassen kann es sehr zugig sein. Kräuter stehen aber gerne geschützt und verbreiten auch dann ihr Duftaroma am besten. Wenn Platz und Licht ausreichen, sollten Sie Ihre Kräuter deshalb möglichst im Schutz einer Wand oder des Geländers aufstellen. Hier trocknet auch die Erde nicht so schnell aus wie in einem luftig hängenden Balkonkasten. Aber auch Schilfmatten oder seitlich verspannte Segel aus stabilem Drillichstoff sorgen für Windschutz. Mit Kletterpflanzen berankte Spaliere halten den Wind ebenfalls fern.

Mit Gefäßen gestalten

Noch nie war das Angebot an schönen Pflanzgefäßen so groß. Im Gartencenter, in Blumengeschäften und in Läden für Garten- und Innendekoration findet man eine breite Auswahl an Töpfen, Kübeln, Schalen und Kästen in den verschiedensten Farben, Formen und Materialien:

- kunstvoll verzierte Terrakottagefäße,
- schlichte, glatte Tontöpfe,
- glasierte asiatische Keramik,
- rustikale Holzgefäße,
- Sandsteintröge,
- Pflanzgefäße aus Kunststoff,
- Kästen aus asbestfreiem Faserzement (Eternit).

Das natürliche Erscheinungsbild der Kräuter unterstreichen Töpfe aus Naturmaterialien wie Ton, Stein und Holz besonders gut. Gefäße aus Kunststoff sind nicht so dekorativ, bieten sich aber wegen ihres geringen Gewichts als Balkonkästen häufig an.
In fast allen Haushalten finden sich aber auch andere Behälter, die man als Pflanzgefäße zweckentfremden kann. Holzkisten und Körbe aller Art (→ Foto, Seite 38) können mit Kräutern bepflanzt werden, wenn man sie mit Folie auslegt und diese mit einigen Löchern für den Wasserabzug versieht. Aber auch alte Steinguttöpfe und Zinkgefäße haben als Kräutertöpfe ein wirkungsvolles Comeback.

Frostsicherheit der Gefäße

Wer mehrjährige Kräuter auch im Winter draußen lassen möchte, sollte bei der Auswahl der Töpfe und Kübel auf ihre Frostbeständigkeit achten. Gefäße aus Terrakotta sind leider häufig nicht frostfest. Sie eignen sich deshalb vor allem für einjährige Kräuter und solche, die im Herbst eingeräumt werden. Es gibt aber auch frostbeständige handgefertigte Terrakottagefäße im Handel. Sie sind jedoch meist sehr teuer.
Asiatische Keramik mit den schönen, gut zu Kräutern passenden Glasuren in Grün, Braun und Blau haben sich als recht frostfest erwiesen.
Mein Tip: Gefäße, die sich nach oben hin verbreitern, halten Minustemperaturen besser stand, da sich die gefrorene Erde hier nach oben ausdehnen kann.

Gefäßwahl und Gefäßpflege

Einiges sollten Sie beim Topf-Gärtnern beachten:
<u>Gefäßgröße.</u> Wählen Sie die Pflanzgefäße eher etwas zu groß als zu klein, denn Kräuter wachsen schnell und füllen den Wurzelraum bald aus. Größere Töpfe speichern außerdem die Feuchtigkeit länger.
<u>Abzugslöcher</u>. Damit die Kräuter nicht von unten her verfaulen, ist ein guter Wasserabzug wichtig. Achten Sie darauf, daß alle Pflanzgefäße genügend Abzugslöcher haben.
<u>Drainage</u>. Decken Sie die Abzugslöcher mit Tonscherben ab, und geben Sie darüber eine Drainageschicht aus Blähton oder Kies, damit überschüssiges Wasser ungehindert abfließen kann.
<u>Tongefäße</u> sollten Sie vor dem Bepflanzen wässern, damit das saugfähige Material den Pflanzen nicht zuviel Feuchtigkeit entzieht.
Gebrauchte Töpfe vor dem Wiederverwenden mit heißem Wasser säubern.
<u>Patina.</u> Tontöpfe werden durch Kalkausblühungen mit der Zeit weißlich, im Schatten vermoosen sie leicht. Vor der neuen Benutzung in Essigwasser stellen, dann löst sich Kalk. Danach gründlich über mehrere Tage wässern.

Kräuter in Gefäßen führen von der Terrasse in den Garten.

Sonnige Terrasse: Kräuter in Töpfen, kombiniert mit Pelargonien.

Sonnige Terrasse: Kräuter im Hochbeet – fast schon ein Garten für sich.

Gestaltungs-Ideen für sonnige Standorte

Für einen Sonnenbalkon oder eine Südterrasse sind die mediterranen Kräuter wie geschaffen. Salbei, Rosmarin, Thymian und Lavendel gedeihen an vollsonnigen Plätzen am besten und entwickeln hier erst ihr volles Aroma. Kombiniert mit Zitrusgewächsen wie *Citrus limon* 'Meyerii', einer besonders robusten Zitronen-Sorte, bringen sie südländisches Flair auf Balkon und Terrasse.

Sonnenhungrige Begleitpflanzen

Wärmeliebende Kräuter lassen sich mit vielen schönen Balkonblumen und Kübelpflanzen kombinieren, die ähnliche Standortwünsche haben.
Besondere Sonnenliebhaber sind zum Beispiel:

- Rosen (*Rosa*-Arten/Sorten)
- Blaue Mauritius (*Convolvulus sabatius*)
- Pelargonie (*Pelargonium*-Zonale-Hybriden)
- Mittagsblume (*Dorotheanthus bellidiformis*)
- Verbene (*Verbena*-Hybriden)
- Blaues Gänseblümchen (*Brachycome iberidifolia*)

• Strauchmargerite (*Argyranthemum frutescens*)
• Bougainvillee (*Bougainvillea*-Arten/Sorten)
• Oleander (*Nerium oleander*).

Eine reizvolle Ergänzung zu diesen Dauerblühern sind blattduftende Pelargonien, die es in erstaunlich vielen Duftnuancen gibt: von Zitrone über Apfel, Pfirsich, Kiefer, Kokosnuß und Pfefferminze bis hin zu Rosenduft. Eine Stein- oder Tonskulptur und bunte Rosenkugeln setzen weitere optische Akzente.

Blütenduft mit nützlicher Nebenwirkung

Viele nach Zitrone duftende Kräuter wie Zitronenverbene (*Aloysia triphylla*), Zitronenthymian (*Thymus × citriodorus*), Zitronenmelisse (*Melissa officinalis*) und Zitronen-Pelargonie (*Pelargonium × citrosmum*) bevorzugen sonnige Standorte. Ihrem Duft, der für uns Menschen so angenehm ist, wird zugleich ein nützlicher Nebeneffekt nachgesagt – er soll Fliegen und andere Insekten fernhalten.

Auch das in Thailand vielverwendete Heilige Basilikum (*Ocimum sanctum*) wird dort zur Abwehr von Insekten genutzt. Wie alle Basilikum-Arten fühlt auch diese sich an sonnigen Plätzen erst richtig wohl.

Sollten Sie also besonders unter Fliegen und anderen Insekten leiden – Experimente sind erlaubt!

Kräuter und Gemüse

Warum nicht auch einmal Gemüse im Topfgarten ziehen (→ Foto, Seite 7)? Hier einige schöne Kombinationen für vollsonnige Lagen:

• Zum Farbenspiel reifender Strauchtomaten paßt wunderbar eine blühende Kapuzinerkresse.
• Schnittsalate aller Art liefern zusammen mit passenden Kräutern wie Pimpinelle, Rauke, Schnittlauch und Petersilie fast ein komplettes Gericht. Da Salate keine großen Nährstoffzehrer sind, können sie mit den Kräutern sogar in ein- und demselben Gefäß wachsen.
• Der rote Mangold 'Feurio' mit seinen rubinfarbenen Blattstielen wirkt wie eine exotische Zierpflanze. Er liefert spinatähnliches Gemüse, braucht aber als Starkzehrer einen Topf für sich allein. Eine farblich schöne Ergänzung hierzu ist eine Schale mit goldgelbem Oregano (*Origanum vulgare* 'Aureum') und Kapuzinerkresse in leuchtenden Farben.
• Rankende Feuerbohnen (*Phaseolus coccineus*) im Topf sind mit ihren roten Blüten sehr dekorativ und liefern – jung gepflückt – eine schmackhafte Mahlzeit. Das zugehörige Bohnenkraut wächst ihnen gleich zu Füßen, bei Platzmangel in einem eigenen Topf.

Sonnenschutz für Kräuter

Wer auch sonnenempfindlichere Pflanzen auf den Südbalkon oder eine nach Süden ausgerichtete Terrasse stellt, sollte diese in der Mittagszeit schützen, denn zu intensive Sonne kann bei ihnen zu Verbrennungen führen. Eine Markise oder ein Sonnenschirm schaffen hier Abhilfe. Vor zu direktem Licht kann ebenfalls ein seitlich verspanntes Sonnen-Segel schützen.

Auch mit sonnenhungrigen Kletterpflanzen berankte, freistehende Spaliere filtern das Licht und bieten empfindlicheren Kräutern Sonnenschutz. Als lebendige grüne Wand für den Südbalkon eignet sich zum Beispiel der Wilde Wein (*Parthenocissus quinquefolia*).

Gestaltungs-Ideen für halbschattige Standorte

Balkon- und Terrassen-Gärten in Ost- oder Westlagen haben meist eine ganz besondere Atmosphäre. Während die Morgensonne alles frisch und kühl erscheinen läßt, taucht die untergehende Sonne die Pflanzen in ein warmes Licht und läßt ihre Farben klar und leuchtend wirken.
Eine Vielzahl von Kräutern gedeihen an diesen halbschattigen Standorten gut oder bevorzugen sie sogar. Hierzu gehören viele der gebräuchlichsten Küchenkräuter wie:

- Kerbel
- Kresse
- Kümmel
- Minze
- Melisse
- Petersilie
- Pimpinelle
- Rauke
- Schnittlauch
- Sauerampfer

Auch manche exotischen Kräuter wie Honigmelonen-, Ananas- und Fruchtsalbei, Blattpfeffer, Kapuzinerkresse und Monarde kommen mit wenigen Sonnenstunden am Tag aus. Und selbst einige Duft-Pelargonien, die ja eigentlich als Sonnenliebhaber gelten, fühlen sich an halbschattigen Plätzen wohl, wie zum Beispiel die Pfefferminz-Pelargonie (*Pelargonium tomentosum*).

Begleitpflanzen für halbschattige Plätze

Natürlich können Sie auch hier die Kräuter-Gesellschaft mit typischen Balkonblumen auflockern.
Halbschattige Standorte bevorzugen zum Beispiel:

- Begonien (*Begonia*-Knollenbegonien-Hybriden),
- Fleißige Lieschen (*Impatiens*-Hybriden) und
- Fuchsien (*Fuchsia*-Sorten).

Gerade an halbschattigen Standorten bietet es sich aber auch an, einmal neue Wege zu gehen und Kräuter mit regelrechten Gartenstauden zu kombinieren. Diese ausdauernden Gewächse überwintern mit ihren unterirdischen Pflanzteilen und treiben im Frühjahr wieder neu aus. Viele von ihnen gedeihen problemlos auch in Gefäßen und verleihen der Bepflanzung den Charakter eines Naturgartens. Für halbschattige Balkone und Terrassen eignen sich zum Beispiel:

- Astilbe (*Astilbe*-Arendsii-Hybriden)
- Funkie (*Hosta*-Hybriden)
- Frauenmantel (*Alchemilla mollis*)
- Lungenkraut (*Pulmonaria angustifolia* und *Pulmonaria saccharata*)
- Taglilie (*Hemerocallis*-Hybriden)
- Hornveilchen (*Viola cornuta*).

Sie blühen zwar nicht so ausdauernd wie die meisten einjährigen Balkonblumen, entschädigen dafür aber außerhalb der Blütezeit mit schönem Blattwerk.
Efeu (*Hedera helix*), Buchs (*Buxus sempervirens* 'Suffruticosa') und das blau blühende Immergrün (*Vinca minor*) fühlen sich ebenfalls in halbschattigen Lagen wohl und sorgen auch im Winter für etwas Grün.
Hier einige besonders schöne Zusammenstellungen von Balkonblumen, Gartenstauden und Kräutern:

- Funkien sind attraktive Blattpflanzen, die je nach Sorte von Juni bis August lilienartige Blüten zeigen. Es gibt sie mit unterschiedlichsten Blattfarben. Eine besonders ausgefallene Sorte ist *Hosta* × *tardiana* 'Halcyon' mit stahlblauen Blättern. Sie läßt sich sehr schön mit blaublühendem Boretsch und Veilchen kombinieren.
- Die elegant überhängende weiß-grüne Minze, *Mentha suaveolens* 'Variegata', harmoniert gut mit der weißgerandeten Funkie, *Hosta crispula*.

Schattenliebende Kräuter und Begleitpflanzen in originellen Gefäßen.

• Zu Schnittlauch mit seinen rosafarbenen Blütenbällen passen Fleißige Lieschen oder Astilben besonders gut.
• Die immergrüne Pimpinelle mit ihren attraktiven, gefiederten Blättern begleitet weiße Eisbegonien (*Begonia*-Semperflorens-Hybriden).
Nach 3 bis 5 Jahren im Kübel sind diese Stauden jedoch meist erschöpft. Sie können dann aber geteilt und in frische Erde gepflanzt werden. Oder man ersetzt sie und kombiniert zur Abwechslung ganz neue Pflanzen.
Mein Tip: Wählen Sie für Gefäße möglichst kompakte, kleinwüchsige Stauden, denn sie kommen besser mit dem begrenzten Wurzelraum aus.

Englische Grüne Minze.

Anmutige Kombination selbst für kleinste Balkone – zartviolette Petunien Ton in Ton mit blühendem Schnittlauch.

Gestaltungs-Ideen für den kleinen Balkon

Auch auf dem kleinsten Balkon können Sie noch ein stattliches Kräutersortiment unterbringen, denn die meisten von ihnen brauchen nicht viel Platz. Nutzen Sie hier alle Dimensionen und gehen Sie mit den Kräutertöpfen auch in die Höhe. Praktische Tips für das Anbringen von Kästen, Töpfen und Ampeln finden Sie auf Seite 30/31.

Kräutervielfalt in einem Gefäß

Platz läßt sich auch sparen, wenn man verschiedene Pflanzen zusammen in ein größeres Gefäß setzt. Viele Kräuter gedeihen in einer solchen Topfgemeinschaft sogar besser als in Einzelgefäßen – vorausgesetzt, sie stellen ähnliche Ansprüche an Licht, Wasser und Nährstoffe.
Hier einige empfehlenswerte Pflanzgemeinschaften:

- Petersilie, Schnittlauch, Kresse, Sauerampfer und Pimpinelle gedeihen prächtig zusammen und bevorzugen alle einem halbschattigen Standort. Für einen Balkonkasten von 80 cm Länge rechnet man etwa 5 bis 7 Kräuterbüschel.
- Auch die Zutaten für wohltuende Kräutertees wie Melisse, Minze und Estragon wachsen gut zusammen an einem halbschattigen Ort. Diese drei benötigen allerdings einen etwas geräumigeren Kübel.
- Die Sonnenanbeter Rosmarin, Salbei, Thymian und Bohnenkraut bevorzugen einen gemeinsamen Kübel oder Kasten auf dem Südbalkon. Durch ständiges Ernten der Triebspitzen hält man ihr Wachstum im Zaum.

Mein Tip: Wenn die Kräuter mit der Zeit zu groß werden und es in den Töpfen eng wird, können einige wie Thymian, Bohnenkraut und Schnittlauch durch Teilen verkleinert werden (→ Praxis Vermehren, Seite 49). Über ein Teilstück freut sich sicherlich der Balkonnachbar oder die -nachbarin.

Platzsparende Pflanz-Ideen

Erdbeertopf. Wenig Platz braucht auch ein sogenannter Erdbeertopf mit seitlichen Pflanztaschen (→ Foto, Seite 19). Statt Erdbeerpflänzchen können verschiedene Kräuter aus den einzelnen Öffnungen wachsen.
Und so wird der Erdbeertopf bepflanzt:

- Decken Sie zunächst die Abzugslöcher mit Tonscherben ab, und geben Sie eine Drainageschicht aus Kies oder Blähton darüber.
- Füllen Sie dann den Topf bis zur ersten Öffnung mit Pflanzerde.
- Nun den Wurzelballen des ersten Kräutersetzlings durch die Öffnung schieben, leicht andrücken und weitere Erde auffüllen.
- Ebenso die folgenden Taschen bepflanzen.
- In die obere Gefäßöffnung können dann mehrere kleine Kräuter oder ein größeres Exemplar gesetzt werden.

Eckgefäße. Ebenfalls platzsparend und dekorativ sind Pflanzgefäße mit rechtwinkliger Rückseite, die speziell für Ecksituationen geformt sind.
Kräuterregal. Auch ein Wandregal erweitert die Stellfläche und schafft Platz für viele Kräutertöpfe. Praktischer noch sind treppenförmige Pflanzgestelle (→ Foto, Seite 26/27). Hier sind die einzelnen Etagen in Stufen angeordnet, so daß die Pflanzen ungehindert in die Höhe wachsen können.

Kräuter in Form bringen

In vergangenen Jahrhunderten waren geometrisch geformte Kübelpflanzen sehr beliebt. Lorbeer und Buchs in Kugel- oder Pyramidenform flankierten oft herrschaftliche Eingänge. Diese uralte gärtnerische Tradition ist heute wieder aktuell. Da diese Pflanzen jedoch sehr teuer sind, lohnt es sich, die »Kunst« des Formschnitts einmal selbst zu erproben. Es ist gar nicht so schwer, denn Schnittfehler überwachsen schnell und lassen sich dann leicht korrigieren. Geduld ist allerdings erforderlich!

Anzucht eines Kugelbäumchens

Nur Kräuter mit kräftigen, verholzenden Trieben wie Zitronenverbene, Rosmarin, Lavendel und Lorbeer eignen sich hierfür.
Und so wird's gemacht:
• Wählen Sie eine junge eintriebige, gerade gewachsene Pflanze aus.
• Entfernen Sie die Seitentriebe bis zur gewünschten Krone.
• Nun wird der Trieb locker an einem Stützstab festgebunden, damit er gerade wächst.
• Hat die Pflanze die gewünschte Höhe erreicht, kappt man die Triebspitze und schneidet auch die Seitentriebe der Krone auf wenige Blätter zurück, so daß sie sich verzweigen.
• Diese Verzweigungen immer wieder entspitzen, bis eine Kugelform entsteht.
Der Erhaltungsschnitt wird dann später ein- bis zweimal im Jahr vorgenommen.

Schnitt einer Pyramide

Lorbeer wird häufig auch in Pyramidenform beschnitten. Hierfür wählt man eine voll entwickelte, buschige Pflanze. Wer nicht freihändig schneiden möchte, legt 3 Holzstäbe, die an der Spitze zusammengebunden sind, um die Pflanze und dreht diese während des Schnitts. Achten Sie aber darauf, daß die Blätter des Lorbeers dabei nicht angeschnitten werden.

Mit Blattfarben gestalten

Bei vielen Kräutern gibt es Varietäten mit farbigem Blattwerk, mit denen sich im Kräuter-Topfgarten zusätzliche Farbakzente setzen lassen. Die Blätter dieser buntlaubigen Formen können ebenso in der Küche verwendet werden wie ihre grünblättrigen Verwandten. Interessante Blattfarben finden sich zum Beispiel bei folgenden Kräutern:
• Salbei gibt es nicht nur silbriggrau (→ Foto, Seite 43), sondern auch purpurfarben wie *Salvia officinalis* 'Purpurascens', mit gelbrandigen Blättern wie *Salvia officinalis* 'Ictarine' (→ Foto, Seite 3) und mit weißrandigem Blattwerk und rötlichen Triebspitzen wie *Salvia officinalis* 'Tricolor' (→ Foto, Seite 18). Diese Varietäten werden nicht so hoch wie der gewöhnliche Salbei und sind deshalb gut für Gefäße geeignet.
• Beim Basilikum gibt es Sorten mit roten Blättern wie *Ocimum basilicum* 'Dark Opal' (→ Foto, Seite 20) und *Ocimum basilicum* 'Purple Ruffles'.
• Auch unter den Oregano-Sorten findet sich eine mit gelben Blättern, *Origanum vulgare* 'Aureum'.
• Die Kapuzinerkresse *Tropaeolum majus* 'Alaska' besitzt gelb-grün panaschiertes Laub.
• Und auch beim Thymian gibt es buntlaubige Sorten: *Thymus × citriodorus* 'Silver Queen' hat silbrige, *Thymus × citriodorus* 'Golden Dwarf' gelbe Blättchen.

Kräuterkasten für kleine Balkone – Zitronenthymian, Bohnenkraut, Salbei 'Ictarine' und Pelargonien.

Pflanzen, pflegen, ernten

Kräuter-Praxis

Am passenden Standort und bei richtiger Pflege entfalten Kräuter auch in Töpfen und Kübeln ihr volles Aroma und ihre ganze Schönheit. Hier erfahren Sie, worauf es bei der Kräuterpflege ankommt und wie Sie die mehrjährigen Pflanzen gut über den Winter bringen.

Foto links: Kräuter lieben eine lockere Substrat-Mischung aus Pflanzerde, Sand und – wenn möglich – Kompost. Eine Schicht Blähton sorgt für gute Drainage.
Foto oben: Salbei mit silbrigem Blattwerk – Salvia officinalis 'Berggarten'.

Das richtige Substrat

Die Mischung der Pflanzerde richtet sich nach den individuellen Bedürfnissen der Pflanzen. Gemeinsame Grundvoraussetzung für ein gesundes Wachstum aller Kräuter ist eine gute Durchlässigkeit des Bodens. Man erreicht sie zum Beispiel durch Zugabe von Sand oder Kompost. Auch Torf lockert das Substrat. Er wird jedoch wegen der Notwendigkeit, den Torfabbau zu reduzieren, in fertigen Erdmischungen heute vielfach durch Holzfasern, Rindenhumus oder Reisspelzen ersetzt.
Für die Kräuterkultur in Gefäßen wählen Sie am besten eine gute, lockere Einheitserde oder eine Bio-Kulturerde. Stark gedüngte Blumensubstrate sind für Kräuter im allgemeinen nicht geeignet, denn bei zu üppiger Nährstoffversorgung entwickeln sie weniger Aroma- und Heilstoffe.
Ganz grob lassen sich Kräuter je nach Bodenansprüchen in 2 Gruppen einteilen:
Kräuter, die nahrhaften, humosen Boden bevorzugen. Hierzu gehören zum Beispiel Petersilie, Schnittlauch, Liebstöckel und Basilikum. Geben Sie hier reichlich Kompost oder etwas organischen Langzeitdünger wie Hornspäne zur Pflanzerde. Mineraldünger haben für Kräuter meist einen zu hohen Stickstoffanteil.
Kräuter, die mageren, kalkhaltigen Boden lieben. Hierzu zählen vor allem die Mittelmeerkräuter wie Thymian, Rosmarin, Lavendel und Salbei. Mischen Sie für diese Kräuter etwa ein Drittel Sand unter die Pflanzerde und geben Sie etwas Algenkalk dazu. Wenn möglich, auch hier etwas Kompost zugeben.
Hinweise zu den speziellen Bodenansprüchen der einzelnen Kräuter finden Sie in den Kurzbeschreibungen auf Seite 12 bis 25.
Mein Tip: Gartenbesitzer, die lockere, humose Gartenerde und Kompost zur Verfügung haben, können diese mit gekaufter Topferde und Sand mischen. Reine Gartenerde ist als Substrat für Gefäße nicht geeignet, denn sie verbackt leicht und wird dann undurchlässig.

Tips fürs Einpflanzen

Jungpflanzen werden in der Regel aus Platz- und Transportgründen in verhältnismäßig kleinen Töpfen verkauft. Wenn sie gesund und kräftig weiterwachsen sollen, ist es notwendig, sie sofort in größere Töpfe und neue Erde umzusetzen.
Wählen Sie hierfür nur Gefäße mit Abzugslöchern, und sorgen Sie mit Tonscherben und einer Kies- oder Blähtonschicht für eine gute Drainage (→ Seite 32).
Verfilztes Wurzelwerk vorsichtig auflockern, bevor die Pflanze in neue Erde kommt. Wenn die Kräuter während der Saison kräftig wachsen, ist es eventuell notwendig, sie nochmals umzupflanzen, damit sie sich ungestört weiterentwickeln können.

Kräuter umpflanzen

Im Frühjahr müssen alle überwinterten Kräuter in neue Erde und größere Töpfe gesetzt werden. Verbrauchtes Substrat und zu kleiner Wurzelraum hemmen das Wachstum und schwächen die Pflanze. Im neuen Topf sollte der Pflanze etwa 2 cm frische Erde rings um den Wurzelballen zur Verfügung stehen.
Und so wird's gemacht:
- Nehmen Sie die Pflanze vorsichtig aus dem alten Gefäß, indem Sie seitlich zwischen Wurzelballen und Gefäß mit einem langen Messer tief einstechen und einen Kreis ziehen, so daß sich der Ballen löst.
- Ein größeres neues (oder gut gereinigtes) Gefäß neh-

Kräuter-Ensemble in Töpfen – Petersilie, Thymian, Melisse, Salbei und Dill mit violetten Hornveilchen.

men, Tonscherben auf die Abzugslöcher legen und eine Schicht Kies oder Blähton als Drainage einfüllen.

- Je nach Bedarf der Pflanze Sand, Kompost, organischen Langzeitdünger und eventuell Algenkalk unter die neue Pflanzerde mischen und den Topf um den Wurzelballen herum damit auffüllen.
- Nach dem Einpflanzen gründlich angießen und die Pflanze einige Tage lang halbschattig aufstellen.
- Für kompakten Wuchs umgetopfte Pflanzen etwas zurückschneiden.

Tongefäße mit Kräuter-Saat.

Praxis: Bewässern und düngen

Regelmäßiges Gießen ist für alle Kräuter in Töpfen und Kübeln lebenswichtig, denn im begrenzten Volumen von Topf und Substrat kann nur wenig Wasser gespeichert werden. Beim Düngen hingegen sollten Sie eher zurückhaltend sein.

Kräuter gießen

Wie oft eine Pflanze gegossen werden muß, wird man mit etwas Fingerspitzengefühl schnell herausfinden.
<u>Hier die wichtigsten Gießregeln:</u>

- Wässern Sie durchdringend, lassen Sie den Boden dann aber abtrocknen, bevor Sie erneut gießen.
- Gießen Sie mit handwarmem Wasser, denn kaltes Wasser »schockt« die Pflanzen und behindert die Nährstoffaufnahme.
- Morgens und spätnachmittags sind die besten Gießzeiten. Nicht bei praller Sonne gießen, denn Wassertropfen wirken wie Brenngläser.
- Gießen Sie nur, wenn die Pflanzen es wirklich brauchen. Kurzzeitige Trockenheit vertragen sie oft besser als ständig nasse Wurzelballen.
- Bei anhaltenden Regenperioden die Pflanzen häufiger kontrollieren, denn Fußbäder über einen längeren Zeitraum nehmen sie übel. Im Untersetzer stehendes Wasser abgießen.
- Sind die Pflanzen einmal ganz ausgetrocknet, hilft ein kurzes Tauchbad in temperiertem Wasser. Nur so lange tauchen, bis keine Luftbläschen mehr aufsteigen.
- Wenn Sie Regenwasser verwenden, Schmutz vom Dach gut abregnen lassen, bevor Sie den Regensammler anschließen.

Urlaubs-Bewässerung

Zeichnung 1, 2 und 3

Nicht immer können die Nachbarn während des Urlaubs oder bei sonstiger Abwesenheit das Gießen des Balkon- oder Terrassengartens übernehmen. Für diesen Fall gibt es im Fachhandel eine ganze Reihe automatischer Bewässerungs-Systeme.
Hier die bewährtesten:
<u>Tröpfchenbewässerung</u>
(→ Zeichnung 1)
Bei dieser Methode

*1 <u>Automatische Tröpfchenbewässerung.</u>
Feuchtigkeitsfühler, die über dünne Schläuche mit einem erhöht angebrachten Wassertank verbunden sind, regeln die Wasserzufuhr.*

2 Balkonkasten mit Wasserreservoir.
Das Wasser wird von einem Docht aus dem Tank angesaugt.

werden Fühler, die über dünne Schläuche mit dem Wasserhahn oder mit einem erhöht angebrachten Wassertank verbunden sind, in das Substrat gesteckt. Sobald die Erde austrocknet, reagieren die Feuchtigkeitsfühler und geben den Wasserfluß tröpfchenweise frei. Ist das Substrat ausreichend befeuchtet, setzt die Wasserzufuhr wieder aus.
Bei anderen Systemen wird die Wassermenge elektronisch über eine Zeitschaltuhr reguliert und mit einer kleinen Elektropumpe zu den Pflanzen befördert.

Balkonkasten mit Wassertank
(→ Zeichnung 2)
Diese Kästen verfügen über ein Wasserreservoir, das durch einen Zwischenboden vom Pflanzbereich getrennt ist. Über Saugdochte gelangt die Feuchtigkeit in das Substrat. Aufgefüllt wird über einen Zulaufstutzen.

Tonkegel
(→ Zeichnung 3)
Bei dieser Methode werden Tonkegel, die jeweils mit einem eigenen Wasserbehälter verbunden sind, mit Wasser gefüllt und in die Erde gesteckt. Beginnt der Boden auszutrocknen, entsteht in ihnen Unterdruck, und Flüssigkeit wird aus dem Vorratsbehälter nachgesaugt.
Informieren Sie sich im Fachhandel über die Leistungen der verschiedenen Systeme. Starten Sie aber in jedem Fall einen Probelauf, bevor Sie länger verreisen.

Kräuter düngen

Da Pflanzen in Gefäßen nur eine sehr begrenzte Substratmenge zur Verfügung haben, sind sie auf zusätzliche Düngung angewiesen. Allerdings sollten Sie bei Kräutern übermäßiges Düngen vermeiden, damit sie nicht zu sehr ins Kraut schießen und dabei an Aroma und Geschmack verlieren.
Organische Dünger in flüssiger oder fester Form sind für Kräuter am besten geeignet. Mineralische Dünger haben für sie meist einen zu hohen Stickstoffanteil.

Hier die wichtigsten Düngeregeln:
• Je nach Nährstoffbedarf der Kräuter während der Saison alle 2 bis 3 Wochen schwachdosiert düngen.
• Schnellwachsende Kräuter wie Petersilie, Basilikum und Schnittlauch brauchen in der Hauptwachstumszeit von März bis Juli jede Woche eine Düngergabe.
• Kräuter wie Thymian, Lavendel und Rosmarin, die an magere Böden angepaßt sind, benötigen nur wenig Dünger.
• Mehrjährige Pflanzen, die überwintert werden, nur bis Ende August düngen.

3 Tonkegel.
Bei trockener Erde saugen sie Wasser nach.

Praxis: Kräuter vermehren

Es macht Freude und spart Geld, Pflanzen selbst heranzuziehen. Kräuter lassen sich generativ durch Aussaat und vegetativ über Stecklinge, Absenker oder einfaches Teilen vermehren.

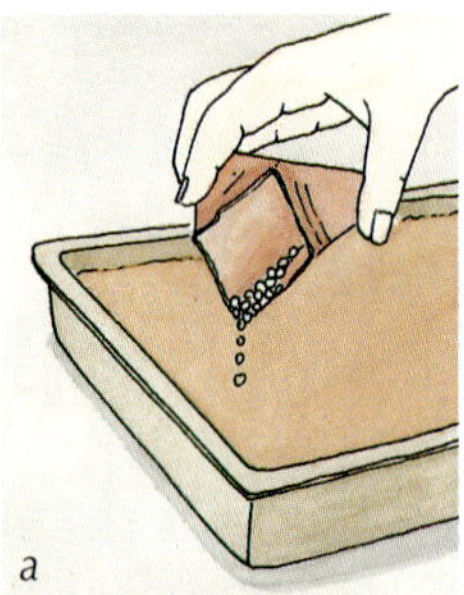

1 Kräuter aussäen.
a Samen verteilen.

b Sprießen Keimblätter, zeitweise lüften.

c Haben sich 2 Blattpaare entwickelt, Pflänzchen vorsichtig in kleine Töpfe pikieren.

Aussaat

Zeichnungen 1a bis c

Viele Küchenkräuter kann man im Frühjahr leicht aus Samen ziehen. Besonders problemlos gelingt die Aussaat von Einjährigen. Zwei- und Mehrjährige brauchen oft etwas länger, ehe sie keimen.
Für die Aussaat verwendet man am besten Anzuchtschalen oder Minigewächshäuser und spezielle Anzuchterde. Sie ist ungedüngt, besonders locker und keimfrei.
Und so gehen Sie vor:

- Die Saatschale mit der Anzuchterde füllen.
- Samen sparsam darauf verteilen. Dunkelkeimer anschließend dünn mit Erde bedecken, Lichtkeimer nur leicht andrücken.
- Das Substrat mit einer feinen Brause anfeuchten und mit einer Klarsichthaube, einer Glasscheibe oder Folie abdecken, damit die Erde nicht austrocknet.
- Stellen Sie das Gefäß auf eine warme, helle Fensterbank. Ideal zum Keimen ist eine Raumtemperatur um 20 °C.
- Sobald die Keimblätter sprießen, den Deckel stundenweise mit einem Holzstab etwas abheben, um Pilzbefall vorzubeugen. Die Pflänzchen weiterhin feucht halten.
- Wenn sich 2 Blattpaare entwickelt haben, die Pflänzchen vorsichtig mit dem schlanken Ende des Pikierstabs aus der Saatschale nehmen.
- Einzeltöpfe mit einer Mischung aus Einheits- und Anzuchterde im Verhältnis 1 : 1 füllen und die Sämlinge vorsichtig einsetzen. (→ Zeichnung 1c).
- Sind die Jungpflanzen kräftig herangewachsen, setzt man sie in Kästen und größere Töpfe und stellt sie nach draußen. Bevor Sie diese noch zarten Pflanzen der direkten Sonne aussetzen, sollten sie ein paar Tage im Halbschatten stehen.

Wichtig: Frostempfindliche Kräuter wie Basilikum und Kapuzinerkresse dürfen erst nach den Eisheiligen Mitte Mai ins Freie.

2 Stecklinge.
a Trieb abschneiden.
b In einen Topf stecken und angießen.
c Mit einer Folienhaube abdecken.

Stecklinge

Zeichnungen 2a bis c

Von Estragon, Lavendel, Pelargonien, Rosmarin, Salbei, Thymian, Ysop und Zitronenverbene lassen sich auch Stecklinge schneiden. Die beste Zeit dafür ist vom Frühjahr bis zum Spätsommer.

So wird's gemacht:

• Mit einem scharfen Messer fingerlange, noch unverholzte Triebspitzen von der Mutterpflanze trennen, und die unteren Blätter entfernen (→ Zeichnung 2a).

• Stecklinge in einen Topf mit einer Erd-Sandmischung oder Anzuchterde stecken (→ Zeichnung 2b) und gut wässern.

• Den Topf mit einer Folienhaube abdekken. So entsteht ein feuchtwarmes Klima, das die Bewurzelung fördert (→ Zeichnung 2c).

• Nach 3 bis 4 Wochen, wenn an der Triebspitze ein Neuaustrieb sichtbar ist, die Abdeckung entfernen.

Mein Tip: Stellen Sie die jungen Pflänzchen halbschattig, bis sie sich kräftig entwickelt haben.

Absenker

Bei einigen Kräutern wie Thymian, Bohnenkraut und Salbei biegen sich die Triebe von selbst zum Boden. Von ihnen lassen sich nicht nur im Garten, sondern auch im Topf leicht Absenker machen.
Wählen Sie hierfür einen herabhängenden Trieb und drücken Sie ihn in die Erde eines anderen Topfes. Mit einer Klammer feststecken und etwas Substrat darüberhäufeln. Nach einigen Wochen bewurzelt der Trieb. Hat er sich ausreichend entwickelt, trennt man ihn von der Mutterpflanze.

Kräuter teilen

Zeichnung 3

Durch einfaches Teilen der Wurzelballen lassen sich zum Beispiel Schnittlauch, Minze, Oregano und Bohnenkraut vermehren. Hierzu die Pflanze aus dem Gefäß nehmen und in Teilstücke zerlegen. Zu lange Wurzeln einkürzen und jedes Teilstück einzeln in ein eigenes Gefäß topfen.

3 Kräuter teilen.
Wurzelballen zerlegen.

Kräuter überwintern

Auch in Gefäßen können viele zwei- und mehrjährige Kräuter draußen überwintern, wenn man sie vor Frost und Wind schützt. Hierzu gehören Petersilie, Schnittlauch, Estragon und Zitronenmelisse, aber auch einige Mittelmeerkräuter wie Oregano, Salbei und Thymian. Bei frostfreiem Wetter sparsam gießen. Steht ein Garten zur Verfügung, kann man winterharte Kräuter im Spätsommer auch auspflanzen.

Pflanzen einräumen

Einige der mediterranen und exotischen Kräuter wie Blattpfeffer, Ananassalbei, Duft-Pelargonien, Zitronengras und Zitronenverbene müssen vor dem ersten Frost ins Haus geholt werden. Lorbeer und Rosmarin halten kurzzeitig niedrige Temperaturen um 0 °C gut aus und sollten so lange wie möglich draußen bleiben. Eine Sackkarre erleichtert das Einräumen schwerer Pflanzen.

Kräuter schützen

Kräuter, die draußen überwintern, in einem Kasten zusammenstellen. Zwischenräume ausstopfen. Pflanzen mit Tannengrün abdecken. Blähton und ein Brett schützen sie von unten.

Pflege im Winterquartier

Kübelpflanzen, die im Haus überwintern, brauchen hier einen hellen, kühlen Platz (5 bis 10 °C). Entfernen Sie vor dem Einräumen alle welken und faulen Blätter, das schützt die Pflanzen vor Schädlingen und Krankheiten. Mit dem Rückschnitt warten Sie besser bis zum Frühjahr, zu lange und sperrige Triebe können jedoch gestutzt werden.
Pflanzen im Winterquartier sparsam gießen. Das Substrat sollte nicht ganz austrocknen, aber auch nicht zu naß sein. Sicherheitshalber einmal wöchentlich kontrollieren. Bei frostfreiem Wetter ab und zu lüften.
Sobald es draußen wärmer wird und keine Dauerfröste mehr drohen, können die Pflanzen wieder ins Freie kommen.
Wer in der Wohnung keinen Platz für größere Kräuterkübel hat, kann auch versuchen, sie bei einem Gartenbetrieb in Winterpflege zu geben.
Mein Tip: Basilikum, Petersilie und Kresse liefern noch einige Zeit Würze für die Küche, wenn man sie vor den ersten Frösten ins Haus holt. Schnittlauch einmal kurz durchfrieren lassen, dann neu eintopfen und ins Haus holen. So treibt er wieder frisch aus.

Schädlinge

Kräuter werden in der Regel selten von Schädlingen befallen, denn ihre ätherischen Öle in Blüten und Blättern wirken auf viele Schadinsekten abschreckend. Voraussetzung für ihre Widerstandsfähigkeit ist allerdings, daß Standort und Substrat ihren Bedürfnissen entsprechen und daß auch bei der Wasser- und Nährstoffversorgung auf ihre speziellen Wünsche geachtet wird.
Haben sich aber doch einmal Schädlinge eingefunden, sollten Sie sofort dagegen vorgehen, damit diese sich nicht ausbreiten und die Nachbarpflanzen gefährden.
Blattläuse. Grüne oder schwarze Läuse, die bevorzugt an jungen Trieben und zarten Blättern sitzen.
Mögliche Ursachen: Trockene Luft, zu warmer Standort, Überdüngung.
Abhilfe: Oft hilft ein Tauchbad in einer Schmierseifenlösung. Dazu den Wurzelballen in einen Plastikbeutel stecken und zubinden. Die Pflanze mit den Blättern ins Wasser tauchen und dabei die Läuse abstreifen (Gummihandschuhe). Anschließend gründlich abduschen. Bei Bedarf am nächsten Tag wiederholen.
Schildläuse. Auf den Blattunterseiten finden sich bräunliche, wachsartige Schilde, unter denen die Läuse sitzen. Sie scheiden einen klebrigen Honigtau aus, der auf den Blättern einen glänzenden Belag bildet. Diese hartnäckigen Schädlinge befallen häufig den Lorbeer.
Mögliche Ursachen: Zu warmer Winterstand, Nährstoffmangel.
Abhilfe: Schildläuse abschaben und den klebrigen Belag mit einem feuchten Tuch abwischen. Dies mehrfach wiederholen, damit auch die nächste Generation vernichtet wird. Eine andere Möglichkeit: Schildläuse mit in Spiritus getränkten Wattestäbchen betupfen, sie sterben dann ab. Vorbeugend Pflanzen im Winterquartier kühl stellen und regelmäßig inspizieren.
Weiße Fliege. Kleine geflügelte Insekten, die bei Berührung der Blätter sofort auffliegen.
Mögliche Ursachen: Überdüngung, trockene Luft.
Abhilfe: Geschädigte Blätter entfernen und vernichten. Luftfeuchtigkeit erhöhen.
Mein Tip: Florfliege und Marienkäfer fressen Blattläuse, während Schlupfwespen die natürlichen Widersacher der Weißen Fliegen sind. Diese Nützlinge sollten deshalb auch auf Balkon und Terrasse immer gern gesehene Gäste sein.

Krankheiten

Einige Kräuter können sich anfällig für Pilzbefall zeigen. Bei regelmäßiger Beobachtung erkennen Sie den Befall schon im Frühstadium und können sofort Abhilfe schaffen. Kontrollieren Sie immer auch die Blattunterseiten!
Echter und Falscher Mehltau. Weißer bis schmutzigbrauner, abwischbarer Pilzbelag auf den Blattoberseiten, der bei Monarde und Boretsch häufiger auftritt.
Mögliche Ursachen: Zu dichter Stand, stehende Luft.
Abhilfe: Befallene Pflanzenteile entfernen und vernichten. Ein Standortwechsel kann vor erneuter Ausbreitung schützen.
Rostpilze. Rostfarbene Staubhäufchen auf den Blattunterseiten, helle Flecken auf den Blattoberseiten. Anfällig gegen Rostpilze sind Schnittlauch und Minze.
Mögliche Ursachen: Zu dichter Stand, zu hohe Luftfeuchtigkeit.
Abhilfe: Pflanzen radikal zurückschneiden, befallene Pflanzenteile vernichten. Schnittlauch und Minze treiben oftmals gesund nach.

Kräuter richtig ernten

Viele Kräuter können während der ganzen Saison frisch geerntet werden. Dazu schneidet man die Triebspitzen, denn das fördert zugleich einen buschigen, kompakten Wuchs. Ausnahme: Melisse, Minze und Schnittlauch immer bodennah schneiden. Entfernen Sie jedoch nicht zu viele Triebe auf einmal, sonst wird die Pflanze sehr geschwächt. Wollen Sie Kräuter konservieren, ist der günstigste Erntezeitpunkt für die meisten von ihnen kurz bevor die Blütenknospen aufgehen. Dann ist ihr Gehalt an ätherischen Ölen, den Trägern der Geschmacks- und Aromastoffe, am höchsten. Ausnahme: Lavendel, Ysop und Thymian erntet man erst im aufgeblühten Zustand. Schneiden Sie die Kräuter zum Haltbarmachen an einem sonnigen Morgen, wenn der Tau gerade abgetrocknet ist. In der Tageshitze verlieren die ätherischen Öle an Intensität.

Kräuter trocknen

Zahlreiche Kräuter behalten auch in getrocknetem Zustand ihr Aroma. Die klassische und zugleich einfachste Methode ist es, die Kräuter zu bündeln und kopfüber an einem möglichst dunklen, warmen Ort aufzuhängen. Höher als 35 °C sollte die Temperatur jedoch nicht sein, sonst verfliegen die ätherischen Öle.
Eine Alternative ist der Backofen. Zum Trocknen die niedrigste Temperaturstufe wählen und die Klappe dabei einen Spalt offen lassen (Kochlöffel dazwischenstecken), damit die Feuchtigkeit entweichen kann.
Wenn die Kräuter rascheltrocken sind, streift man die Blätter von den Stielen und bewahrt sie kühl und trocken in Dosen oder dunklen Schraubgläsern auf.
Mein Tip: Das Aroma getrockneter Kräuter bleibt besser erhalten, wenn Sie die Blätter ganz lassen.

Richtig konservieren

Basilikum: Blätter einfrieren. Auch gut für Essig und als Paste.
Bohnenkraut: Zweige oder Blätter einfrieren.
Dill: Zweige einfrieren. Dolden in Essig einlegen.
Estragon: Triebspitzen oder Blätter einfrieren. Gut zum Aromatisieren von Essig.
Majoran: Blätter und Blütenknospen trocknen oder einfrieren.
Melisse: Blätter trocknen oder einfrieren.
Minze: Blätter trocknen oder einfrieren.
Oregano: Blätter und Triebspitzen trocknen oder einfrieren.
Petersilie: Blätter einfrieren. Auch gut als Paste.
Rosmarin: Trocknen. Gut zum Aromatisieren von Essig und Öl.
Salbei: Trocknen. Gut zum Verfeinern von Essig und Öl.
Schnittlauch: Kleingeschnitten einfrieren.
Thymian: Trocknen. Gut zum Verfeinern von Essig und Öl.

Kräuter einfrieren

Manche Küchenkräuter verlieren ihre Würze beim Trocknen fast völlig. Bei einigen von ihnen läßt sich das Aroma durch Einfrieren besser bewahren. Hierzu gehören Dill, Petersilie, Basilikum, Schnittlauch und Estragon. Zum Einfrieren die frisch gewaschenen Kräuter abtupfen und einfach in einen Plastikbeutel oder ein Gefriergefäß füllen. Beim Zubereiten der Speisen die gefrorenen Kräuter zerkrümeln und kurz vor dem Servieren an das Essen geben.

Kräuterbutter – mit eßbaren Blüten und Paprika farbenfroh garniert.

Sie können die Kräuter aber auch hacken und mit etwas Wasser in einem Eiswürfelbehälter einfrieren. In Suppen oder Saucen lösen sich die Eiswürfel schnell auf. Wertvolle Inhaltsstoffe und der frische Geschmack bleiben bei beiden Verfahren weitgehend erhalten.

Kräuter einlegen

Eine sehr alte Methode zum Konservieren von Kräuteraromen ist das Einlegen in Öl und Essig (→ Rezepte, Seite 56). Die ätherischen Öle der Kräuter gehen dabei in die Flüssigkeit über und bleiben noch lange erhalten. Basilikum und Petersilie lassen sich auch als Pasten haltbar machen. Dazu hackt man die Kräuter klein und vermischt sie mit Öl und Salz (→ Rezept, Seite 56). In einem Schraubglas halten diese aromatischen Würzpasten, mit denen sich Salatsaucen und Suppen verfeinern lassen, mehrere Monate.

Ganz besonders festlich ist diese sommerliche Tischdekoration. Mit vielerlei Kräutern sind hier Servietten, Teller und Windlichter liebevoll geschmückt.

Mit Kräutern dekorieren

Kränze und Sträuße aus getrockneten Kräutern sind ein beliebter Schmuck für die Wohnung und zaubern in jede Küche ein wenig Landhaus-Atmosphäre.
Hier einige Ideen:
• Ein Kranz aus Lorbeerzweigen mit Chilischoten ziert zum Beispiel den Eßplatz. Ab und zu wandert dann ein Lorbeerblatt in den Suppentopf.
• Auch ein getrockneter Strauß aus blühendem Thymian ist Schmuck und zugleich Gewürzvorrat für winterliche Gemüseeintöpfe.
• Kräuter in kleinen Töpfen sind eine ungewöhnliche Tischdekoration.
• Mit zierlichen Kräutersträußchen lassen sich Servietten sehr schön schmücken.
Natürlich verlieren diese Kreationen im Laufe der Zeit Duft und Aroma. Sie sollten dann durch frische ersetzt werden. Für den eigentlichen Tee- und Würzvorrat Kräuter jedoch besser kühl und trocken aufbewahren.

Duftende Kräuterkissen

Wenn reichlich Wintervorrat vorhanden ist, können Kräuter auch für Duftkissen abgezweigt werden. Einige Duftsäckchen im Schrank verleihen der Wäsche einen Hauch Sommerfrische. Und in einem gemütlichen Sessel versteckt, überrascht ein Kräuterkissen mit zartem Wohlgeruch.
Finden Sie selbst heraus, mit welchen Duftkompositionen Sie sich besonders gern umgeben. Erfrischend wirkt eine Mischung aus Lavendel und Zitronenverbene. Beide Kräuter haben zudem die Eigenschaft, ihren Duft jahrelang zu behalten.
Mein Tip: Frisches Zitronenaroma läßt sich für viele Zwecke verwenden. Trocknen Sie im Sommer verschiedene nach Zitrone duftende Kräuter auf Vorrat, und entscheiden Sie im Winter, ob Sie diese für Tee, als Badezusatz oder für Duftkissen nutzen.

Dekorative Duftschalen

Auch sogenannte »Potpourris« aus getrockneten Blüten und Blättern fangen Sommerdüfte ein. In dekorativen Schalen aufgestellt, sind sie zugleich ein schöner Anblick.

Hierzu trocknet man duftende Blüten und aromatische Blätter und gibt zur farblichen Auffrischung auch einige nicht duftende Blüten dazu. Ergänzt wird diese Mischung durch Gewürze wie Zimt, Nelken, Koriander oder Zitronenschalen und wenige Tropfen eines ätherischen Öls. Damit das Aroma möglichst lange bewahrt wird, fixiert man es mit Veilchenwurzelpulver aus der Apotheke.
Die Mischung in einem Behälter verschließen und für einige Wochen an einem dunklen Platz stehenlassen, damit der Duft ausreift. Den Behälter ab und zu schütteln.
Hier die Zutaten für eine aromatische Kräuter-Komposition:
• 1 Tasse Monarden-Blätter und -Blüten sowie je 1 Tasse der Blätter von Minze, Zitronenverbene und Zitronenthymian
• 2 bis 3 Tropfen Zitronenöl
• 1 Teelöffel Veilchenwurzelpulver
• 1/2 Teelöffel zerstoßenen Koriander
• 1/2 Teelöffel zerbröselte Lorbeerblätter
• einige getrocknete Ringelblumen-Blüten als farbliche Auflockerung.

Kräuter in Essig und Öl

Als frische Zutat verfeinern und dekorieren Kräuter Salate, Suppen, Gemüse und Fleischgerichte, Süßspeisen und vieles mehr. Zahlreiche Tips für die Verwendung der verschiedenen Kräuter finden Sie in den Porträts auf Seite 12 bis 25. In Essig und Öl eingelegt oder als Paste liefern Kräuter auch den Winter über frische Würze.
Kräuteressig läßt sich auf unterschiedlichste Weise herstellen.
Hier 2 empfehlenswerte Rezeptvorschläge:
- Geben Sie zu 3/4 l Weinessig je 1 Zweig Petersilie, Rosmarin, Pimpinelle und Estragon, 1 Lorbeerblatt und 1 Dill- oder Fencheldolde.
- Versetzen Sie 3/4 l Weinessig mit einer Handvoll Basilikumblätter und 1 bis 2 Knoblauchzehen.

Kräuteressig 14 Tage auf einer warmen Fensterbank ausziehen lassen.
Kräuterpasten aus Basilikum oder Petersilie würzen Marinaden, Gemüsesuppen und auch Bratensaucen. Dazu 100 g Kräuter fein hacken, mit 1 Teelöffel Salz vermischen und mit Olivenöl auffüllen. In kleinen Schraubgläsern gut verschlossen, halten sich diese Würzpasten mehrere Monate. Nach jeder Entnahme etwas Öl nachfüllen, damit die Kräuter stets vollständig bedeckt sind und nicht schimmeln. Nach dem Öffnen im Kühlschrank aufbewahren.
Kräuteröl eignet sich zum Braten von Fleisch und Kartoffeln, aber auch zum Würzen von Nudelgerichten.
Hier 2 Vorschläge:
- 3/4 l Olivenöl mit je 1 Zweig Salbei, Rosmarin, Thymian und Lavendel, 1 Lorbeerblatt, 1/2 Teelöffel Pfefferkörner und 1 bis 2 Knoblauchzehen versetzen.
- 3/4 l Sonnenblumenöl mit 3 bis 5 Stengeln Basilikum aromatisieren.

Die Kräuter einen Tag lang trocknen lassen, bevor sie ins Öl kommen. Dann 2 bis 3 Wochen dunkel stellen und ausziehen lassen.

Käse in Kräuteröl

Ein herzhafter Imbiß ist in Kräuteröl eingelegter Schafskäse. Dazu würfelt man ein beliebig großes Stück Schafskäse, schichtet es mit Knoblauchzehen, Oliven, getrockneten Tomaten sowie Rosmarin- und Thymianzweigen in ein schönes Glas und füllt dieses mit Olivenöl auf. Ein paar Tage ziehen lassen und mit Fladenbrot servieren.
Wie alle eingelegten Kräutervorräte kühl und dunkel aufbewahren.

Aromatische Tees

Aus frischen Kräutern zubereitete Tees sind besonders aromatisch. Eisgekühlt kann man sie im Sommer auch als Erfrischungsgetränke servieren.
Für Tee aus frischen Kräutern rechnet man 3 Teelöffel zerkleinertes Kraut pro Tasse, für Tee aus getrockneten Kräutern reicht 1 Teelöffel pro Tasse. Mit kochendem Wasser aufgießen und 10 Minuten ziehen lassen.
- Melissentee, mit Honig gesüßt, ist ein beruhigender, entspannender Abendtee.
- Die kühlende Minze erfrischt als Tee an heißen Sommertagen.
- Getrocknete Duft-Pelargonienblätter aromatisieren schwarzen Tee.
- Die Blätter der Monarde liefern einen besonders feinen Tee mit leichtem Orangenaroma.
- Zitronenverbenen-Tee wirkt wohltuend nach reichhaltigem Essen.
- Basilikumtee hilft bei Streß und Schlaflosigkeit.

Wichtig: Kräutertees, die Sie als Heilmittel mehrmals täglich zu sich nehmen, nicht länger als 4 Wochen trinken.

Kräuter-Essig, Kräuter-Öl und eingelegter Schafskäse in formschönen Gefäßen.

Sach- und Pflanzenregister

Die **halbfett** gesetzten Seitenzahlen verweisen auf Farbfotos und Zeichnungen. Auf den mit * gekennzeichneten Seiten finden Sie Beschreibung und Pflegehinweise zur jeweiligen Pflanze.
U = Umschlagseite

Register

Register

Paradiesisch leben. Mit GU.

Ob kleines Usambaraveilchen, riesige Palme oder edler Rosenstrauch – so richtig grünt und blüht es im Zimmer, auf dem Balkon und im Garten nur dann, wenn Sie auch die Ansprüche Ihrer Pflanzen kennen.
Das nötige Wissen über Kauf, Pflanzung und Pflege vermitteln die

- GU Ratgeber Zimmerpflanzen
- GU Ratgeber Balkon und Terrasse
- GU Ratgeber Garten.

14,80 DM/116,-öS/14,80 sFr.

Änderungen und Irrtum vorbehalten.

14,80 DM

14,80 DM

14,80 DM

14,80 DM

Mehr draus machen. Mit GU.

GU GRÄFE UND UNZER

Literatur, die weiterhilft

(falls nicht im Buchhandel, dann in Bibliotheken erhältlich)

Rau, H.: *Kräuter im Garten.* Gräfe und Unzer Verlag, München

Pahlow, M.: *Das große Buch der Heilpflanzen.* Gräfe und Unzer Verlag, München

Kreuter, M.-L.: *Kräuter und Gewürze aus dem eigenen Garten.* BLV Verlagsgesellschaft, München

Phillips, R./Foy, N.: *Kräuter.* Verlag Droemer Knaur, München

Teubner, Ch./ Schönfeldt, S./ Gerhardt, U./ Rühlemann, D./ Witzigmann, E.: *Kräuter und Knoblauch.* Teubner Edition, Füssen

Zeitschriften

Flora.
Gruner+Jahr AG & Co., Hamburg

Kraut & Rüben.
BLV Verlagsgesellschaft mbH, München

Mein schöner Garten.
Burda Verlag GmbH, Offenburg

Sehenswerte Kräutergärten

(bitte grundsätzlich vorher anmelden)

Madeleine van Bennekom, Zuiverseweg 4
4357 EB Domburg
Holland

Ineke Greve
Huys de Dohm
De Doom 50
6419 CX Heerlen
Holland

Familie Poley
Slot der Nisse
Dorpsplein 25
4443 AE Nisse
Holland

Patricia van Roosmalen
St. Pieter 24
Oud Rekem
Belgien

Bezugsquellen für Kräuter

Kräutergärtnerei
Otzberg Kräuter
Burghart Koch
Neuweg 11
64853 Otzberg-Lengfeld (über 400 zum Teil seltene Kräuter, Versand)

Kräutergärtnerei
Daniel Rühlemann,
Am Himpberg 32,
27367 Stuckenborstel (etwa 200 zum Teil seltene Kräuter, Versand)

Blauetikett Bornträger GmbH, Heil- und Gewürzpflanzen
67591 Offstein
(Versand)

Sortiments- und Versuchsgärtnerei Simon,
Inh.: Werner Simon,
Staudenweg 2
97828 Marktheidenfeld (seltene Stauden, Salbei- und Minze-Arten und -Sorten, Versand)

Küchengarten
Reinhold Krämer
Weißensteiner Str. 95
73525 Schwäbisch Gmünd (seltene Kräuter- und Gemüsesamen)

Wichtig: Diese Adressenliste erhebt keinen Anspruch auf Vollständigkeit. Bitte fügen Sie bei Anfragen stets einen frankierten Rückumschlag bei.

Warnung und Hinweis

In diesem Buch geht es um die Pflege von Kräutern auf Balkon und Terrasse und um ihre Verwendung. Die meisten der vorgestellen Arten und Sorten sollten nicht im Übermaß verzehrt werden, einige sind sogar mit Vorsicht zu genießen. In den Kurzbeschreibungen (→ Seite 12 bis 25) wird unter dem Stichwort »Warnung« auf Einschränkungen beim Verzehr hingewiesen.
Viele der vorgestellten Kräuter können nicht nur in der Küche, sondern auch für Heiltees Verwendung finden. Langzeit-Therapien mit Heilkräutern sollten aber nur unter Anleitung eines Arztes für Naturheilverfahren durchgeführt werden.
Kommt es beim Umgang mit Erde zu offenen Verletzungen, suchen Sie umgehend einen Arzt auf und lassen Sie sich fachkundig beraten. Besprechen Sie mit ihm, ob eine Impfung gegen Tetanus (Wundstarrkrampf) erforderlich ist.
Alle Dünge- oder Pflanzenschutzmittel, auch die biologischen, müssen unbedingt so aufbewahrt werden, daß sie für Kinder und Haustiere unerreichbar sind. Der Verzehr dieser Mittel kann zu gesundheitlichen Schäden führen. Außerdem dürfen diese Mittel nicht in die Augen gelangen.

Die Fotos auf dem Umschlag

Umschlagvorderseite: Kleines Kräuter-Ensemble mit Zitronenmelisse, Thymian, Sauerampfer, Salbei und Fenchel (von links nach rechts); kleines Foto: Einpflanzen von Salbei-Stecklingen.
Umschlagseite 2: Balkon-Situation mit Kräutern und Pelargonien.
Umschlagseite 3: Terrassen-Situation mit Kräutern.
Umschlagrückseite, oben links: Basilikum als Hauptgewürz zu Tomaten mit Mozzarella;
oben rechts: Boretsch-Blüte;
unten links: Salbei (*Salvia officinalis* 'Ictarine') in originellem Wandgefäß.

Dank

Autorin, Fotografin und Verlag bedanken sich für die freundliche Unterstützung bei:
Heike Kleineweischede, Flierich
Nina Rau, Köln
Nicole Kirsch, Herten
Burghart Koch, Otzberg
Daniel Rühlemann, Stuckenborstel
Familie Caesar, Herten
Familie Hannberger, Pfaffenhofen
Die Gartengalerie, Monika Tittlbach und Christiane Widmayr, Murnau
GRUGA Park, Essen

© 1995 Gräfe und Unzer Verlag GmbH, München
Alle Rechte vorbehalten. Nachdruck, auch auszugsweise, sowie Verbreitung durch Film, Funk und Fernsehen, durch fotomechanische Wiedergabe, Tonträger und Datenverarbeitungssysteme jeder Art nur mit schriftlicher Genehmigung des Verlages.

Redaktion: Gisela Keil
Lektorat: Maria Bley
Layout und Umschlaggestaltung: Heinz Kraxenberger
Herstellung: Monika Pamp
Satz: Pfeifer, Germering
Repro: Penta, München
Druck und Bindung: Kaufmann, Lahr

ISBN 3-7742-2141-3

Auflage 4. 3. 2.
Jahr 98 97 96

Zwischen Kräutern träumen

Dieser Sitzplatz inmitten mediterraner Kräuter lädt zum Entspannen und Wohlfühlen ein. Würzkräuter mit interessantem Blattwerk sind hier in formschönen Terrakottagefäßen stilvoll gruppiert.
Reizvoller Blickfang – die klassischen Tonskulpturen, die das südliche Ambiente dieser Kräuter-Terrasse wirkungsvoll unterstreichen.

Hier umgeben verschiedene Salbei-Sorten sowie Zitronenthymian und Lorbeer (links), Lavendel-Bäumchen, Erdbeere, Salbei und Rosmarin (rechts) den einladenden Gartenstuhl.